RESET

リセット

Google流 最高の自分を引き出す5つの方法

ゴーピ・カライル 著
白川部 君江 訳

Tune into Hay House broadcasting at:
www.hayhouseradio.com

あさ出版

THE INTERNET TO THE INNER-NET
by Gopi Kallayil

Originally published in 2015 Hay House Inc.
Japanese translation published by arrangement with
Hay House UK Ltd. through The English Agency (Japan) Ltd.

推薦の言葉

「これは、インドを発祥とする東洋の知恵を故郷の文化から引き出し、ヨガと瞑想《めいそう》のトレーニングを重ねながら、ＩＴ業界やシリコンバレーで得た体験や理解を通じて書かれた、実に見事なユーザーマニュアルだ。ゴーピは、私たちに喜びや意図、目的意識をもった生き方を示してくれた」

――チャディー・メン・タン。グーグルのジョリィ・グッド・フェロー
ベストセラー『サーチ・インサイド・ユアセルフ――仕事と人生を飛躍させるグーグルのマインドフルネス実践法』（英治出版）著者

「この本は、人道への奉仕は、賛美や称賛を抜きに、何より重要な神の思し召しだということを気づかせてくれる。
彼がグーグルで築き上げた驚くべきキャリアとチャンスは、誰もが手に入れられるものではない。だが、慎ましく生き、周囲の世界を観察し、その気さえあればいつでも他人を助けてあげられる機会はすべての人に与えられている。それがこの本、つまり彼からのメッセージだ」

――Ｇ・リチャード・シェル。ウォートン・スクール教授
『Springboard: Launching Your Personal Search for SUCCESS（スプリングボード：成功への自分探しを始めよう）』著者

「シリコンバレーが、マインドフルな生活やソウルフルで内省的な取り組みと同義語だとは思わないだろう。
しかし、ゴーピは自身も実践する、心身と精神から成る個人のネットワークを最適化する方法をガイドブックにすることで、この2つの橋渡しを見事にやってのけた」

——ティム・ライアン アメリカ下院議員
『A Mindful Nation（マインドフルな国家）』&
『The Real Food Revolution（真のフードレボリューション）』著者

「本書は人間の心とは何かを証明してくれる。それはゴーピ自身の素晴らしさ、勇気、そして知恵で織り上げられた布のようだ。スマートフォンやウェアラブル端末から片時も逃れられない人の必読書だ」

——ロシ・ジョアン・ハリファックス
ニューメキシコ州サンタフェ ウパヤ禅センター 修道院長

「本書を読みながら私は大声で笑い、書かれていることに夢中になった。
この本は、私たちがハイパーコネクテッドな世界でどう生きるべきか、どうすれば心のネットワークへの接続を最適化できるかを語っている」

――マイク・ロビンズ
『Nothing Changes Until You Do（君がやらなければ変わらない）』著者

「この才能ある作家、そしてプレゼンターは、テクノロジー主導型のスピーディーな情報社会の中で、私たちが意識的で丁寧な生き方をするにはどうすればよいかに着目し、新たな見方を提示してくれる」

――ジョナサン・ローゼンバーグ
グーグル元製品管理担当シニアアバイスプレジデント

「ゴーピ・カライルは、個人の旅行記という糸を使って、ハイテクと個人の内面的な静けさを融合させた最先端の世界を巧みに織り上げた。

間違いなく本書は良書であり、忙しい日常を過ごしている私たちの必読書だ」

――ラズロ・ボック。グーグル人事担当シニアバイスプレジデント

『ニューヨーク・タイムズ』が選ぶベストセラー『ワーク・ルールズ！――君の生き方とリーダーシップを変える』（東洋経済新報社）著者

「彼はグーグルの幹部であり、あらゆるものを1つにまとめるスピリチュアルなグルでもある。

本書は、ハイパーテクノロジー社会の中で、心の安らぎを見出すための完璧なガイドブックであり、どのページにも、人生で役立つ知恵が込められている」

――ソニア・ジョーンズ。ソニマ・ウェルネス創設者

「本書は、親しい友人に会える特別なチャンスを与えてくれる。さらにゴーピは、私たちに探求の大切さを思い出させ、マインドフルネスとバランス、寛大さ、美しさを探す旅の必要性を気づかせてくれる。
この世界にゴーピ・カライルが何人も必要なのは間違いない。次は、あなたが彼を知る番だ」

——パトリック・ピシェット。グーグル元CFO（最高財務責任者）、アドバイザー

第1部 ログイン

LOG IN

第2部 アクセス

CLEAR OUT YOUR IN-BOX

第3部 最適化

OPTIMIZE YOUR SYSTEM

第4部 検索

JUST GOOGLE IT

第5部 サインアップ

*脚注は番号を振ってページ下部の余白に記載しています。

*本文中の引用の訳は、邦訳版が存在する場合は既訳を引用し、それ以外は本書訳者によるものです。

序文（抜粋）

奈良にて　ピコ・アイヤー[*1]

私が本書の著者、ゴーピ・カライルのことをよく知るようになったのは、冬のよく晴れた日、完成したばかりのCDを手渡されたのがきっかけだった。彼がリードボーカルを担当した、伝統的なバクティ[*2]ヨガのコールアンドレスポンスの楽曲を収録したものだ。

その日、私はカリフォルニア州マウンテンビューにあるグーグル本社を訪れ、キャンパス内の度肝を抜かれるような施設を案内してもらった。興味深く見学している私に、彼は起伏のある広い緑の丘を指さし、普段、ミーティングをしたり、ヨガの生徒たちやインストラクターたちと一緒にトレーニングをしたりしていることなどを詳しく教えてくれた。

ゴーピ自身も長年、グーグル社内でヨガを教えているほか、マーケティン

＊1　ピコ・アイヤー（Pico Iyer）
静寂と旅をテーマに語るTEDトークは、視聴回数が200万回を突破している。主な著書に、ロングセラーの『ビデオナイト・イン・カトマンドゥー』のほか、『The Lady and the Monk』『The Global Soul』（いずれも邦訳はない）がある。

＊2　バクティ
「信愛」の意味で、キルタンと呼ばれる歌唱を取り入れたヨガの手法のこと。

グやマインドフルネスをテーマに世界中で講演活動をしているという。

私はゴーピ・カライルというこのインド人が驚くほど博識で、あらゆる分野に精通し、無限のエネルギーを持ち合わせていることを、彼の話ぶりから十分に理解できた。

ウォートン・スクール*と名門インド経営大学院を卒業しているともいう。ただ者ではない、そう思ったことを覚えている。

本書を読み終えた今、私はその思いを新たにしている。

特に、魂との情熱的な掛け合いが印象的なその楽曲は、シリコンバレー独特の魅力と本質的な叡智《えいち》について気づかせてくれただけでなく、テクノロジーは私たちの内面的なリソースには及ばないことを再確認させてくれた。

テクノロジーは最終的な目的地というより、私たちが現実の暮らしに取り入れる手段《ツール》である。だからこそ重要なのだ。

テクノロジーとうまく付き合っていくには、私たち人類が常識的な見方や

＊ウォートン・スクール
アイビー・リーグ（Ivy League）の1つ、ペンシルベニア大学のビジネススクール「ウォートン校」のこと。

計算にとらわれずに豊かで謙虚に、支配する側とされる側の価値を同じように理解することが必要であるということだ。

実際、グーグルのエンジニアたちは、ツールの開発だけでなく、心を最適な状態（マインドフルネス）にするための研究ができる環境にある。

本書には、ゴーピが実際に経験した様々なことが書かれているのだが、まあ、驚くことばかりだ。友の数々の冒険から、私はたくさんのことを学んだ。南インドの小さな稲作の村で育った男が（しかも彼が子どもの頃、身内や祖先でパスポートを持った人は一人もいなかった！）、グローバルなコミュニケーション手段を活用して世界中を駆け回り、私たちの心の配線をつなぎ直してくれているということも、志が高く1人のグーグラーとして活躍している彼の「人のために尽くそう」という行動の原点が、ケーララ州の農村に伝わる伝統的習慣によるところが大きいということも。

私が特に心を動かされたのは、ゴーピが幾度となく自分自身を見失い、情報の大波に翻弄された経験を堂々と語っているところだ。

たくさんの壁にぶつかって、宇宙には人間がつくるよりはるかに優れたものが用意されていると悟り、様々な場所、南極やモンゴル、キプロスにまで実際に足を運んで、学びを得てきた。

読み進むごとに、彼が物理的な世界だけでなく、内面的な世界をも1つにつなげて考え、生きているのがわかる。

人の頭脳は心に従ってこそ価値があり、本当に大切な約束には自分自身との約束も含まれる。

マイスター・エックハルト*は、700年前、内面的な部分が強固なら外面が貧弱になることは決してない、と説いている。

私の場合、最新のテクノロジーと手放しで仲良くしようとは思わない。

さらに、注意を散漫にするものを極力持たないように心がけている。

私は29歳のとき、タイムズ・スクエアから4ブロックほど離れたビルの25階にあるオフィスを離れ、日本・京都の裏通りに移り住んだ。そこは、トイ

＊マイスター・エックハルト（Meister Eckhart）
中世ドイツの哲学者。ドミニコ会士。ケルンで神学を学び、パリ大学でマイスターの称号を得る。ストラスブルク、ケルン等で神学者、説教家として活動したが、異端宣告を受ける。死後、彼の著作は発行も配布も禁止された。

レも電話も、ベッドすらないワンルームだった。それから28年が経った今も、日本の地方都市に2部屋のアパートを借り、そこで幸せに暮らしている。車や自転車もなければ、テレビの類もない。

一時的に存在するものではなく、永続的に存在する真実を見失わないようにするためだ。

だからこそ、彼が人としての道を追求するとき、テクノロジーをきっぱり排除する姿勢には身が引き締まる思いがする。

私の思うゴーピの魅力は、「世界を知りたい」という彼のひたむきなまでの純粋さだ。

スティーブ・ジョブズがスタンフォード大学の卒業式のスピーチで述べた「Stay hungry, stay foolish（初心に戻れ、信じる道を行け）」という言葉があるが、ゴーピにはそれを実践できるだけの類いまれな能力がある。

ゴーピはよく「可能性の扉を広げる」と言っているが、「信頼のシステム」

への喜びが彼の貪欲な行動力となり、仲間たちに対する熱き情熱となって注がれているのであろう。

新しい可能性が、日々刻々と、私たちの人生を作り変えていることに心から爽快感を覚える。

彼が担っているグーグルのブランドマーケティング部門のチーフ・エバンジェリストという任務は、本来のマーケティングについて考えるのはもちろんだが、それと同時に自分という存在は大海に落ちる滴《しずく》でしかないと悟り、自分自身を非ブランド化するための非マーケティングのエバンジェリストでもあると、私は理解している。

私はゴーピと「ウィズダム2・0」[*1]カンファレンスのステージでデジタル時代の明晰《めいせき》さについて対談したり、シリコンバレーを1か月に2度訪問するなどしてきたが、最も印象的だったのは、技術革新の最先端にいる人々の多くが、テクノロジーがすべてを与えてくれるわけではないと理解している、非常に賢明な人たちであるということだ。

＊1　ウィズダム 2.0
デジタル化時代における「マインドフルネス」をテーマに、2009 年から毎年開催されているカンファレンス。世界の著名な起業家やビジョナリーが登壇し、創造的な働き方や思いやりのある生き方を提案している。

（マインドフルネス…今この瞬間に意識を集中させること）

ゴーピとその友人や同僚たちは、デジタルの世界や光り輝くグーグル・キャンパスにもウォールデン湖があるということを、さらに印象的に示そうとしている。キルタンを歌うことは、スプレッドシートを作成するのと同じくらい、テクノロジーの発展や私たち自身の可能性を広げることに貢献できる。

ゴーピのメールアドレスの上にマラヤーラム語[*2]の署名があること、そして今、私がこの序文を記しているときに、彼と仲間のグーグラーたちが、ネパールの女性たちを性的目的の人身売買から救おうと活動し始めたことは、偶然の一致ではない。精神面での取り組みと物質面での取り組みは相反するどころか、実際には同じプロセスを使って、相互に高め合うことが可能であるということなのだ。

念を押しておくが、本書は、決してお説教本ではない。

元マッキンゼー・アンド・カンパニーのコンサルタントであり、常に高速道路を飛ばして空港に向かい、いつもどこかへ飛び回り、理論と実践の両面

＊2　マラヤーラム語
インドのケーララ州（ゴーピの出身地）の現地語。

で内的な訓練の大切さを片時も忘れない男のストーリーだ。

この本を読んで思い浮かんだのは、「故《ふる》きを温《たず》ねる人だけが新しきを知る（温故知新）」ということわざだ。

結局、人々が感じる分離感とは心の産物なのだ。

現実とは、意識して思いやりの心を持とうと呼び掛ける、私たちの公正な雇用主である。

ゴーピはそれを理解し、魅力たっぷりに示している。

私たちが実践したとき、その秘宝が美しい姿をみせてくれるだろう。

はじめに

世界の人口は72億人。

そのうち、推定で30億人がインターネットにつながっている。

携帯電話を利用している人々の数にいたっては、電気やきれいな飲み水を利用できる人々の数を上回っている（世界の携帯電話契約数は70億）。

今や、インターネットや電子機器は、人々の生活において〝あって当たり前のもの〟となっている。

私は現在シリコンバレーに住み、物事がハイペース、猛スピードで動く、超革新的な環境であるハイテク業界、グーグルで勤務しているが、ルーツは、インド南部のケーララ州にあるチッティラムチェリという稲作中心の小さな村にある。

その村の貧しい稲作農家だった祖父母のもとに私の母は生まれた。父はそこから15マイル（約24㎞）離れた小さな村で生まれ育った。2人とも電気や水道のないところで生活し、村の学校でごく基礎的な教育を受けたのみ。暮らしは質素そのものだった。

ところが彼らの4人の子どもたち、すなわち私のきょうだいは皆、大学に進学し、合わせて10の学位を取った。その中には、米国の名門アイビーリーグのMBAも2つ含まれている。両親が一度も米国の土を踏んだことがなかったにもかかわらずだ。

たった1世代で家族の社会的地位が変動したのはなぜだろうか。

それは、簡単に言うと、情報へのアクセス環境の変化だ。

昔のまま変わらない母の母校ですら、子どもたちはいつでもインターネットにアクセスし、ハーバード大学やスタンフォード大学、ペンシルベニア大学の人たちと同じ情報量を手にすることができる。

情報が学びのきっかけをつくり、様々な機会を生み出し、人々の暮らしを変える時代。

インターネットは、私たち人類に均等な機会を提供しつつあるのだ。

シリコンバレーや世界のＩＴ企業で進んでいる爆発的な技術革新は、私たちの暮らしを瞬く間に一変させた。

実際、シリコンバレーに住み、グーグルで仕事をする私は、素晴らしいテクノロジーの数々に囲まれて生活が成り立っている。

しかしその一方で、人々の注意力は散漫になりがちだ。

ひっきりなしに流れてくる情報。

昼夜を問わず受信トレイに入る電子メール。

ソーシャルネットワーク（ＳＮＳ）の近況アップデート――。

電子機器がどんどん生活に干渉し、生活リズムが乱され続ける日々に、たまらず悲鳴を上げたくなったことのある人もいるだろう。

このように文明が発展していく中で、忘れてはいけないことがある。

私たちが扱うテクノロジーの中で最も重要なものは私たち自身の中にある、ということだ。

「インナーネット（inner-net）」、すなわち、脳と体、心、呼吸、意識の集合体である。

これらは一人ひとりに備わっているものなので、どこにでも持ち歩ける優れものだ。

このテクノロジーが最高のパフォーマンスを発揮できるようにするには、心を落ち着け、心身を回復させ、エネルギーを充電する時間が必要だ。

そして、現実の世界で、より意識的な生活とフル・エンゲージメント*、それにヨガや瞑想など、古代の知恵から生まれた優れた科学を実践することによって、私たちの内部にあるテクノロジーに触れ、変化させ、外部の世界との調和が生まれ、バランスのとれた生活を送ることができるようになる。

本書では、こうした最高のパフォーマンスを引き出す方法を紹介している。ぜひ、活用してほしい。

*フル・エンゲージメント
ストレスと回復のバランスを適切に管理することで最高のパフォーマンスを発揮できる状態を指す。

私は常々、定期的にインターネットから離れ、心のインナーネットにつなぐことが必要だと考えている。だからといって、外の世界から完全に離れることを提唱しているわけではない。

重要なのは、このインターネットとインナーネットという2つの世界をあなたに合ったやり方で統合することだ。

アラン・ティリンは、『ヨガ・ジャーナル』2012年3月号の「Stay Connected（つながりを保とう）」と題した記事で、私の親友で「ウィズダム2・0」の創設者であるソレン・ゴールドハマーの言葉を引用している。

「常にネットにつながっている時代、私たちが意識的に生活するにはどうすればいいのだろうか」

「古代の知恵にその答えの一部がある。テクノロジーにも答えの一部がある。完全な答えを見つけ出すには、この2つの世界を合わせて考えることが必要だ」

幸いにも、私が生まれ育った文化では、瞑想やヨガ、気づきの実践が人々の日常的な暮らしに不可欠な要素として、数百年も前から組み込まれてきたこともあり、長年この2つの世界で過ごしているが、その効果を日々実感している。

本書では、古くからある知恵に基づいて、私がこれまで学び、教わってきた具体的な実践法を紹介している。

たとえば10代の頃、ヒンドゥー教の導師タラ・デビィに瞑想の手ほどきを受け、ヨガ講師になろうとシバナンダ・アシュラム*で修行し、今でも日常生活に取り入れていること。

「ログイン」してその世界と関わり、最高のパフォーマンスを発揮するために自分の中にある「システム」を最適化する方法。

これまでの人生で「サインアップ（登録）」してきたあらゆる事柄を感謝しながら受け入れること。

独自に開発した儀式的な日課（日々感謝する項目を挙げること）や戦略（自

*アシュラム
ヨガや瞑想を通じて精神修行するための滞在型施設のこと。

分自身と向き合う時間を決めること）、パフォーマンス、パーティー、ヨガ、ヒーリング、アート制作などのアクティビティ。

もちろん、すべてを取り入れる必要はない。インターネットとインナーネットという2つの世界を統合する際の参考にしてほしい。

私が通勤する途中に、2つの世界が見事に隣り合う場所がある。シリコンバレーを通り抜ける幹線道路ハイウェイ101の片側に、大きな仏像が立っている。仏像はシリコンバレーに背を向けて鎮座《ちんざ》し、何かに追われるようして職場に急ぐ、グーグル、フェイスブック、アップルといったIT企業の社員たちに静かにほほ笑みかけている。

彼らがこの仏像に気づいているかどうか知る由もないが、仏像は、そんなことは気にも留めずに常に穏やかな表情を浮かべ、右手を上げるポーズで座っている。まるで「安心して、ゆっくり行きなさい」と唱えているかのようだ。

２５００年前に悟りを開き、中道を説いた偉い人の前を通り過ぎて行くのは十中八九、私たちの暮らしを便利にし、一人ひとりをつなぐための製品やサービスをつくり出し、慌ただしい日常を提供している人たち。

よくよく考えると、不釣り合いな光景だ。

世界は常に変化し続けている。何事も決して留まることはない。

私は自分が暮らす２つの世界を探求する中で、常に何かを試している。

そうした私の実験によって、ほかの人々の実験の成果が裏づけられることもしばしばだ。

私の実験をあなた自身の実験のきっかけとし、あなたが外側と内側の２つの世界のバランスを取りながら、充実した人生と喜びに満ち溢れた生活を送るための自分なりの方法を開発していただけたらと思う。

これらの実験の成果を、本書でみなさんと共有する機会を得られたことに、心から感謝している。

ゴーピ・カライル

第1部

RESET

ログイン

15年ほど前、インターネットにつながるにはパソコンからログインするしかなかった。

しかし時代は変わり、今はどこからでもログインできる。

離陸を待つ飛行機の中、地下鉄のホームで電車を待ちながら、公園で休んでいるとき——。

内面にある世界と常につながっているのと同じだ。

ヨガ教室に通ったり、セドナ[*1]で隠遁《いんとん》生活を送ったりしなくても、私たちは内面的な世界にログインできている。

ヒンドゥー教の聖典『バガヴァッド・ギーター』[*2]に、戦士アルジュナが戦場を見渡し、戦いに行くのを拒むくだりがある。

「敵軍に親類や友人がいる。戦うことはできない」

と躊躇《ちゅうちょ》するアルジュナに、賢者クリシュナは次のように答える。

INNER-NET

「お前には戦う義務がある。戦士としての務めを果たすために、誇りをもって戦うのだ」

現実は避けるべきものではなく、関わるべきもの。私はそう考えている。

ドアが開いたら、ドアの向こうに行く。

声をかけられたらのってみる。

電話の着信があったら出る。

人生に起こる様々なことにログインして、どんどん関わることだ。

＊1　セドナ
米国アリゾナ州にあるアメリカ先住民の聖地とされていた場所。1970年代にパワースポットとして注目され、現在は「スピリチュアルな」癒しの場として、世界中から多くの観光客が訪れる。

＊2『バガヴァッド・ギーター』
古代インドの大叙事詩『マハーバーラタ』の中の一篇で、親族同士が戦うことに深く悩み、戦意を喪失している戦士アルジュナへ、御者を務めていた賢者クリシュナ（実は最高神の化身）が、彼を鼓舞するために説いた教え。（上村勝彦著『バガヴァッド・ギーターの世界――ヒンドゥー教の救済』ちくま学芸文庫 を参照）

蓮の花のように浮かぶ

「お仕事は何ですか?」

パーティーに行ったとき、相手から訊《き》かれていちばん嫌な質問だ。

しかし、多くの人がこの質問を投げてくる。仕方がないので、私は敢えてこう答えるようにしている。

「楽しく意識的に生きること。それが私の仕事です」

おそらく、なかなか理解してもらえることはないだろう。


私のもとには毎日最低2000~3000通もの電子メールが届く。その1つひとつが何らかの対応を求めるデータの断片だ。

私が滞在している場所に、時差も距離も関係なく、世界中のあちらこちらから情報や声が届くのだから、文明や科学の進化によってもたらされたこの状況が素晴らしいことは間違いない。

「もう少しゆっくりさせてほしい」と思うときもある（もちろん、言うわけにはいかない）が、今ある状況は自分が選んだこと。その現実を受け入れたうえで、「穏やかで幸せで満ち足りた生活を送るにはどうすればよいか」を自分に問いかけるのだ。


テクノロジーは火のようなものだと私は思う。

人類が火を発見し、その扱い方を覚えてから、私たちの生活はとても便利になった。

料理もできるし、その料理を入れる器を作ることもできる。

しかし、使い方を誤るとやけどもするし、下手をすれば街を焼き尽くす可能性だってある。

テクノロジーは強力で便利な道具だが、それを生産的な手段として使うのか、破壊的な手段として使うのか、あるいは平和的に共存するのか、混乱を招くきっかけにするのか。

それは、あなた次第である。

私の勤務先のグーグルでは、自動運転車やスマートフォン用ＯＳのAndroid（アンドロイド）、Google Mapsをはじめとする素晴らしいテクノロジーの数々を開発している。

だが、本当の意味で意識的な生活を送るには、私たちの内部にあるテクノロジー、つまり、あなた自身のインナーネットにつながることが必要だ。

インナーネットにログインするのに、今すぐ始められる簡単な方法がある。

たとえば、ヨガだ。

グーグルには、「グーグラー（グーグル社員のこと）」が自主的に企画し、参加する社内サークル活動がある。ゲイの人たちが集まる「ゲイグラー（Gaygler）」、ユダヤ人のための「ジューグラー（Jewgler）」、相乗り同好会の「カープーグラー（Carpoogler）」など、実に様々だ。

私は「ヨグラー（Yoglers）」というヨガの同好会を立ち上げた。最初、生徒はたったの1人だったが、その後うわさが広まり、今では多くのグーグルオフィスが参加する大きなプログラムに成長した。

ヨガは、身体と呼吸に100パーセント意識を集中させるため、必然的に、自分の内面と向き合うことになる。

さらに、定期的にレッスンすることで、より意識の高い状態が維持できる。意識が高いと、最適な判断を下すことができるし、対話の質も向上するため、より高い意識を持った人間になれる。


もし、あなたの職場にヨガや瞑想のプログラムがない場合は、あなたが率先して立ち上げればいい。会議室を予約し、床に座って目を閉じ、60秒間、自分の呼吸に集中し、瞑想するだけだ。

自分自身の内部に平穏な空間をつくるために、わざわざ外界を遮断してどこかに引きこもる必要はない。

いかに自分を見失わずに世界と関わり合うか、それがなにより大事なことだからだ。

私の出身地であるインドには、美しい蓮の花になぞらえた言葉がある。

「蓮の花はいつも水面に浮かんでいる。根っこが泥の中に埋もれているなんて感じさせない。蓮の葉に水が落ちると、それは露玉のようにゆっくりと流れ落ちていく」

意味はこうだ。

私たちは、日常生活や仕事に埋もれることなく、人生と関わることができている。

多かれ少なかれ、問題はやってくる（起きる）だろうが、滴のように流れ落ちていく。

だから今日も、私たちは水面に浮かぶことができる。

恐れることなく、世界と関わり、ログインすることである。

あえて愚者になる

「世界は1冊の本である。

旅をしない者は、その本を1ページしか読んでいないのに等しい」

これは、古代キリスト教の神学者であり、哲学者であった聖アウグスティヌスの言葉だ。

インドの農地で育った私は、言ってみれば「本」を1ページはおろか1段落すら読んだことがないに等しかった。

高校に入学し、街（州都）に出るようになってから、公立図書館に通うようになった。

本は、私に新しい世界を開いてくれた。

初めて読んだのは、南太平洋の島々について書かれた本だった。「こんな場所が世界にはあるのか」と、驚きのあまり何時間も見入ってしまったことを、今もしっかり覚えている。それまで想像したこともない人々や風景を描いたイラストに、すっかり魅了された。

インターネットが誕生する前、しかも実家にテレビがなかった時代の話だ。私がパスポートを取得したのは、18歳になったときだ。

両親は「なぜ、パスポートが必要なんだ?」と言って反対した。「ほかの国に行っても、知っている人などいないぞ。どうするつもりなんだ」と。

彼らが不思議に思うのは当然だろう。なぜなら当時、私の家族や親族は誰も、周囲でもほとんどの人がパスポートなど持っていなかったからだ。

でも、私は押し通した。

本に出会ったことによって、世界には、私が知らないことがたくさんあることがわかったからだ。私はその中に入りたかった。それには、パスポートは必須だったのだ。

それからというもの、北は北極圏に近いアイスランドから南は南極大陸の不毛の地まで、世界7大陸のすべてと54か国を旅してきた。私たちが暮らす広大で多様な世界に対する畏敬《いけい》の念は、これまで以上に強くなっている。

私の良き友人、ピコ・アイヤーが自著に記した有名な言葉がある。

「最初は自分の殻を破るために、次に自分自身を見つけるために旅をする」

著述家である彼は、私の友人であるとともに憧れの存在でもあった。彼のライフスタイルは、とても魅力的で理想的だ。

ピコは毎年、彼が現在住んでいる日本、ダライ・ラマ[*1]が亡命生活を送るインドのダラムサラ、ビッグサー[*2]にあるニューカマルドリ修道院、そして、彼の母が暮らすサンタバーバラ[*3]を行き来する生活を送っている。

その合間にも、様々な国と地域に足を運び、そこで生活しているたくさんの人々の話を聞くなどしている。

「旅は、心と目を開くためにある」

＊1　ダライ・ラマ法王
ダライ・ラマ14世のこと。世界的に著名な仏教指導者の一人であり、チベット仏教のゲルク派において最高位の仏教博士号（ゲシェ・ラランパ）を持つ。

＊2　ビッグサー
カリフォルニア海岸地域の北部終点にあり、岩場の多い壮大な景観で有名な地域。

＊3　サンタバーバラ
カリフォルニア州の南部にある町。街並みが美しく治安がよいことからリゾート地としても人気。

これもピコの著作の有名な一節だ。さらにこう続く。

「旅をすることで、新聞でも伝えきれないたくさんの知識を学ぶことができる。私たちはできる限りの無知と知識を持って、宝物がちりばめられたこの地球上の様々な場所に行く。

要するに旅とは、もう一度愚かな若者に戻ることだ。時の流れを遅くしてその中に身を委ね、再び恋に落ちることなのだ」

培ってきた知識、経験はとても大切なものである。

しかし時に、これらが「自分はわかっている。こういうものだ」などと、思考や感性を鈍くさせてしまうことがある。そうなると、様々な情報や刺激が入って来なくなり、成長しなくなってしまう。

まだまだ知らないことがたくさんある——。そういう心もちであり続けるには、やはり旅がいちばんなのだ。

ドアが見えたらノックする

13年ほど前、私は自分のやりたいことを100項目書き出し、リストにしたことがある。

その36番目に、私はこう書いた。

「ダライ・ラマに謁見《えっけん》すること」

不思議なことに、それからまもなく、彼のレクチャーを聞きに行く機会が訪れた。

きっかけは立ち寄った書店の奥で見かけたポスターだった。

「来週、この近くの会場でダライ・ラマ14世の講演会が開催される」

実はこれまでにも、彼の講演会を聞きに行ったことが何度かあった。

ただしそれは、「会う」というより「見た」というほうが圧倒的に正しい状況だった。

彼に会いたい。彼と話をしたい。

それにはいったい何から始めればいいのだろう？

ただセミナーに参加するだけでは意味がない。

もしかしたら、誰かがつながっているかもしれない。可能性がある人に、片っ端からお願いしてみるのがいいかもしれない。

そう考えた私は、さっそく著名人を訪ねて回ることにした。

最初に会いに行ったのが、同僚で親友のチャディー・メン・タンだ。

グーグルの有名なエンジニアで、瞑想に関する研究やプロジェクトチームとつながりがある彼を訪ねたのは、ダライ・ラマが、この分野の研究に関心を示していることを知っていたからだ。

私はチャディーに、ダライ・ラマと面会したいと切り出した。すると、彼は真面目な顔でこう言った。

「もちろん、アレンジすることは可能だ。これから2週間先までの予定は入っている?」

自分から頼んでおきながら驚いてしまった。彼が本気だったからだ。

「YES」と答えると、

「2週間後にインドのダラムサラに行くことはできるかい?」とのこと。

2週間後に出発するには予定をリスケジュールしなければならなかったが、こんなチャンスは二度とない。迷わずうなずいた私に、チャディーは友人のラマ・テンジン・ドンデン師という男性の連絡先を渡してくれた。

ラマ・テンジンは世界平和の使者としてダライ・ラマに仕える人物で、*猊下《げいか》と米国からやって来る数人の訪問者との面会をセッティングしているのだという。

ところが、ラマ・テンジンが出張中で連絡が取れない。

謁見がかなう保証はないが、可能性にかけてとにかく行ってしまうべきか

*猊下
最高位の聖職者または高僧に対する敬称。英語は His Holiness と表す。

――。

迷っているところにちょうど同僚のジェレミアがやってきたので事情を話し、意見を求めると、

「もし行かなかったら、君はその週に行った仕事の内容を30年後には思い出せないだろう。

でも、行ったならば、どんな結果になろうと、その1週間は大切な思い出として残るだろうね」

と返ってきた。彼の言うとおりだと思った。

それでもまだ躊躇していた私の背中を押したのは、私の良き助言者スチュアート・ニュートンだった。彼は、こう言ってくれた。

「君が天にお願いしたから、ドアが開いたのだ。さあ、ドアの向こうに行きなさい」

2週間後、私はダラムサラ行きの飛行機に乗っていた。

実際行ってはみたものの、本当に謁見できるかどうかがわかったのは、面会の実に数時間前だった。ラマ・テンジンからずっと連絡がなかったからだ。45分間、数人の訪問者とともに猊下に謁見し、直接教えを授かることができた。この日の話題は、思いやりの大切さや幸福について、さらに神経可塑《かそ》性[*1]やメンタルトレーニングにまで及んだ。

感動的なひとときと、彼の崇高な人間性に感激するあまり、別れのあいさつと感謝を述べるときには涙が出た。

ダライ・ラマはお守りにカター（チベット語で祈りの言葉が書かれたスカーフ状の白い布）を渡してくれた。私はそれを持ち帰り、一緒に働くチームのみんなにも祝福の雨が降り注ぐように自分の机の上に飾った。

きっと、そのご利益なのだろう。

それから約1年後、ダライ・ラマ事務所から、私の同僚でありインドのグーグルオフィスに勤務するシャイレッシュのもとにメールが届いた。その後、何人かの手を経て、そのメールは私のメールボックスにたどり着いた。

＊1　神経可塑性
脳科学用語で、脳の神経細胞やシナプスが外界からの刺激を受けて変化する性質のこと。

＊2　Google+
グーグルが運営するソーシャルネットワーキングサービス（ＳＮＳ）で、フェイスブックやツイッターに対抗するため、２０１１年に始まった。

メールには、ダライ・ラマ事務所が私の手がけるプロダクト、すなわち「Google+《グーグルプラス》」[*2]に関心があると書かれていた。

私はさっそく思いつくままアイデアをいくつか紙に書き留めた。

その1つが、デズモンド・ツツ元大主教[*]とダライ・ラマの対談を企画して、その様子をインターネットでライブ配信し、大勢の人たちに見てもらえるようにするもの。我ながらいいアイデアだと思った私は、周りの人間に話すだけ話して、そのメモをしまっておいたのだった。

5日後、南アフリカオフィスにいるジョナサンというグーグラーから、夜中の1時に自宅に電話があった。

彼とはまったく面識はなかったが、相談があるという。

「今度の土曜日はツツ元大主教の誕生日です。その日に彼の友人であるダライ・ラマ14世をメインゲストとしてお招きし、平和と思いやりについて語っていただく予定になっているのですが、彼のビザがまだ発給されないため、

＊デズモンド・ツツ元大主教
南アフリカの平和運動家。

テクノロジーでどうにか解決策を考えてもらえないかと元大主教の事務所から連絡がありました。この件について、相談に乗っていただきたいのです」

話を聞いた翌朝、私は「Google ハングアウト」*を担当するプロダクトマネージャーのローレンとともに、例のカターが掲げてあるいつもの場所で、いろいろな可能性について話し合った。

5時間後、ローレンははるばる南アフリカまで33時間の旅に出発した。驚いたことに、ローレンが外国に行くのは初めてだった。たまたま、いろいろな国を旅してみるのは良いことかもしれないと、数か月前にパスポートを取っていたというから、さらに驚いた。

ほかの4人のグーグラーと共に、私は行動を開始した。依頼のメールからここまで約60時間。あとは、セッティングだけだ。

ジョナサンがドアをノックしたことで、運命の扉が開いたのだ。

私が原案を書き留めてからわずか7日後、ダライ・ラマは、ダラムサラの自宅のパソコンを立ち上げ、「Google ハングアウト」画面に向かっていた。

＊ Google ハングアウト
写真や絵文字、グループでのビデオ通話を通じて
会話を楽しめる、無料のコミュニケーションツール。

同じ頃、地球の4分の1周分（約1万キロメートル）離れた南アフリカのケープタウンにある西ケープ大学では、ツツ元大主教が同じくコンピューターの前に座っている。その画面には、ハングアウトが起動している。

ツツ元大主教がダライ・ラマに向かって手を振りながら、ケラケラ笑っている後ろで、スタッフはみな、相当なプレッシャーを感じていた。予期せぬ問題が生じていたからだ。

実はこの日、セッティングの直前に15分間の停電があり、アフリカの護衛官が会場に派遣され、配電盤の警備に当たっていた。セッティングが終わった後も、本番が始まるまで何が起こるかわからず、まったく気が抜けない状況だったのである（実際、イベント終了後には南アフリカの主要海底ケーブルネットワークが20分間ダウンした）。

この歴史的な対話は、大勢の人々が見守る中、無事に成功した。

ダライ・ラマ14世がツツ元大主教とチャットをする姿は世界中で視聴され

た（1世から13世までの過去のダライ・ラマたちは、チベットから外の世界に出たことはほとんどなかった）。

ダライ・ラマとの出逢い、紙に書いた突拍子もないアイデア。それぞれ単なる「思いつき」が実現すべき目標へと形を変え、歴史的な偉業にまでなった。

もちろん、すべてがそううまくいくわけではないだろう。

だが、この件をきっかけに、私は常に「他に達成できることはないだろうか？」と考えるようになり、そのおかげで実を結んだものも少なくない。


ちょっとした思いつきが、将来、大きな成果を結ぶこともある。

大切なのは、見逃さないことだ。

そして、ドアを見つけたらノックすることだ。

ノックさえすれば、可能性のドアは開くのである。

目標を先に達成した人を見つける

5月のよく晴れた日、私はゼロックス社のパロアルト研究所（ＰＡＲＣ）周辺の緑に覆われた道路を自転車で走っていた。

シリコンバレー・トライアスロン＊クラブのコーチが、我々初心者向けの練習コースに選んでくれた道だ。

快調に気持ちよくペダルをこいでいたのだが、次の瞬間、私は舗道の上に仰向けにひっくり返っていた。

「いったい……何が起きたんだ？」と目を開けて、状況を確認してみると、どうやら道路の凹みにタイヤを取られ、自転車ごと宙に投げ出されたようだ。

トライアスロンの練習は初めて。しかも、開始早々のクラッシュ（転倒）。叩きつけられた衝撃で、身体の所々が痛むし、正直、心も折れた。

＊トライアスロン
「スイム（水泳）」「バイク (自転車)」「ラン（マラソン）」の３種目を連続して行う競技。湖を 2.6 マイル（約 4.2 キロメートル）泳ぎ、自転車で 112 マイル（約 180 キロメートル）走行し、最後に 26.2 マイル（約 42 キロメートル）のフルマラソンを走る。

今日はもう、終わりにしてしまおうか。それともここは、しっかりゴールを目指すべきだろうか。でも……。

あきらめかけたその時、ふと、彼女の顔が浮かんだ。

私が手本としているトライアスロン選手、84歳の修道女シスター・マドンナ・ブーダー。これまでにアイアンマンレースを含む300以上の大会に出場し、男女を通じてアイアンマンレース*を完走した史上最高齢のアスリートだ。

彼女がトライアスロンを始めたのは50歳になったとき。ある神父から「運動は体、心、精神によい」と言われたことがきっかけだったという。

彼女のような年齢で運動を始めるとなると、多くの人がウォーキングやジョギングを選ぶであろう。

しかし彼女は、世界で最も過酷なスポーツであるトライアスロンを自ら選び、トレーニングを始め、84歳の現在も、現役アスリートであり続けている強者だ。

＊アイアンマンレース
トライアスロンレースのなかでも最も過酷なものをこう呼ぶ。

私が彼女を知ったのは、トニー（アンソニー）・ロビンズ＊の自己啓発セミナーだった。

「鉄の修道女」の異名を持つ彼女の話に触発されて、私は早速、トライアスロンのトレーニングプログラムに申し込んだ。そして、練習をスタートしたその週にクラッシュしてしまったのだ。

あまりのショックに、正直、あきらめたい気持ちのほうが大きかった。だが、シスター・マドンナだったら、どうするだろう。おそらく、いや、絶対あきらめないだろう。実際、彼女はレース中にクラッシュした経験が何度かあり、肘《ひじ》や鎖骨《さこつ》、顎《あご》を骨折したこともある。一度、1年休養したこともあるが、その翌年には2つのアイアンマンレースに出場を果たし、復活を遂げた人だ。

「ここであきらめるわけにはいかない」。私は立ち上がり、壊れた自転車の代わりに、トライアスロン用の自転車を買いに出かけたのだった（ショッキングなことに、月々の家のローンと同じくらいの金額が飛んで行った）。

＊トニー（アンソニー）・ロビンズ
米国の自己啓発コーチの第一人者。著名な政治家、起業家、セレブなど世界中に顧客を持つ。

１か月後、私は新しい自転車を車の後部にストラップで固定したまま、ハイウェイ１０１を走っていた。ところがバックミラーを見ると、自転車がなくなっている。

慌てて車を路肩に寄せて停止し、恐る恐る視線を後ろに向けると、自転車が道路に落下し、バスケットボールのようにバウンドしているのが見えた。後続車がぶつからないようにハンドルを切っている。幸い、事故は起こらなかったが、買ったばかりの私の自転車、そう、家のローン１か月分をはたいて買った自転車は、スクラップと化していた。

とてつもなく落ち込んだが、もう、どうしようもない。起きてしまったことを受け入れる他なかった。

さらに１か月後、私は友人の自転車を借り、初心者向けのショートトライアスロンにエントリーした。

この日、私は生まれて初めて湖を泳いだ。

というのも、私が育ったインドのケーララ州には、泳げる湖がなかったからだ。さらに、プールもたったの1つしかなく、自宅のバスタブで練習し、泳ぎを覚えたありさま。

案の定とも言うべきか、スタート地点から15ヤード（約13・7メートル）ほど泳いだところで、パニック状態になった。水深が深いため、水の中は真っ暗、顔に水草がはりつき、水も飲みこんでしまっている。そう、私は溺《おぼ》れかけていた。

これは本当にヤバイ！　そう思った瞬間、ライフガードが私を水の中から引っ張りあげた。このとき私は、今度という今度はトライアスロンをやめよう、そう思った。

でも、シスター・マドンナは、ここであきらめたりしないのである。

私はすぐにトレーニングを再開することにした。

翌週末の土曜日、私はクラッシュすることなく、自転車で30マイル（約48

キロメートル）走り続けることができた。その翌日の日曜日には、転ばずに10マイル（約16キロメートル）走ることができた。そして、火曜日には溺れずに1時間泳ぐことができた。

信じられないことだが、すべて本当だ。

この経験を通じて、私はある確固とした認識を持つようになった。

人は自分が追い求めている目標を既に達成した人とめぐり会うことで、心の中の何かが変化するということだ。それは無意識のレベル、しかもほとんど神秘的なレベルにあるもので、目標に向かって進むようにあなたを駆り立てる。

たとえば1940年代まで、1マイルを4分未満で走ることは人間には不可能だと考えられていた。

ところが、ロジャー・バニスター*という選手が、1954年にその定説を覆し、人類史上初めて1マイル4分の壁を破った。すると同じ年、バニスターのほかに31人もの選手が1マイル4分の壁を破ることができた。翌年には

＊ロジャー・バニスター
イギリスの陸上競技選手。世界で初めて1マイル4分を切る記録を打ち立てた（1マイルは約1600メートル）。現役引退後、神経学者となる。

３００人を超えた。

ナイキが新しいランニングシューズを発表したから……ではない。ロジャーが限界を超えられることを、身を以って示し、中距離ランナーのロールモデルとなったからだ。

つまり人間は、ロールモデル（手本となる人）に触発されることで、奇跡のようなことをやり遂げる力を持っているのだ。


超えられない限界はない。

世の中が常に進歩し続け、様々な記録が更新され続けているのがその証拠である。

あなたがいま、限界だと信じていることは、本来そこにあるわけではなく、あなた自身で作りだしたものだ。

84歳の修道女でトライアスロン選手、シスター・マドンナがそのことを証明している。

人生の先生は、思いも寄らないところからやってくる。お手本とする人は、自分とまったく同じ目標を達成した人でなくても構わない。

その人に、あなたが真似できるものがあればそれでいい。

やりたいと思ったこと、やってみたかったことは、どんどんやってみよう。自分にできるとは思えなかったことでも、積極的にその世界と関わりを持とう。

何かを探求するということは、人生の重要な部分を占めている。そして、探求しながら、ロールモデルを見つけ出すことだ。もしかしたら、本来いるはずのない場所で見つかるかもしれない。

目標に向けて走り出した直後にクラッシュしてしまったら、あなた自身の「シスター・マドンナ」を思い出せばいい。

どんなときでも、あなたはきっとやる気になれるはずだ。

「普通の人」がとてつもない影響力を持っている

世界の人口は約72億人。

その半数が1日3ドル未満（300円程度）で暮らしている。

スターバックスのコーヒー1杯分にも満たない額だ。

本書を手にしているみなさんには想像がつかないかもしれない。

でもこれが、現実なのである。


私の故郷チッティラムチェリ村に住む人々も同じだ。

しかしながら、こうして限られた資金で質素に暮らす平凡な人が、社会に大きな影響を与えていることを教えてくれた人がいる。

オセオラ・マッカーシーだ。

以前、ビル・クリントン元米大統領が講演のためにグーグルを訪れたときに、彼の著書『Giving：How each of us can change the world（与えるということ—私たち一人ひとりが世界を変える方法）』がプレゼントされた。その本の中で、紹介されていた人物だ。

私たち一人ひとりが影響力を持っている。

社会に大きな善意を与えた縁の下のヒーローはたくさんいる。オセオラ・マッカーシーという女性もその一人である。サザン・ミシシッピ大学（ＵＳＭ）で奨学金制度を立ち上げたというので、私はてっきり「彼女は裕福な女性に違いない」と思ったのだが、オセオラは12歳で病気の叔母の面倒を見るために学校を退学。その後75年間、皿洗いと服のアイロンがけの仕事をやり続けた。

彼女は倹約家で、新聞も取らず、どこに行くにも歩いて行き、わずかな手取りは銀行に預けていた。

87歳になったとき、彼女は銀行の支店長に、自分の口座にいくらお金があるか尋ねたところ、「30万ドルです」という答えが返ってきたという。

それを聞いた彼女は、おそらくこんなことを言ったに違いない。

「天国に行く途中にショッピングモールはないわ。私は貧しい家の女の子たちが大学に行けるように奨学金制度をつくりたいの」と。

オセオラの決意が世に報じられると、地元のリーダーたちは彼女のために寄付金を出し、基金の額はさらに増えた。彼女は4年後に息を引き取ったが、サザン・ミシシッピ大学で最も有名な篤志家《とくしか》となり、社会から称賛され、大統領市民勲章（アメリカ合衆国で最高の栄誉とされる「大統領自由勲章」に次ぐ市民栄誉賞）を含む数々の賞を受賞した。また、サザン・ミシシッピ大学とハーバード大学から名誉博士号も授与された。

彼女は、普通の平凡な一市民だった。だがしかし、決して多くはない資産で、世の中に大いに貢献し、驚くような影響を与えたのだ。

あなたはこれまで、人や社会に大きな影響を与えることができるか、考えてみたことがあるだろうか？

そんなことは無理だと思っているのではないだろうか。

以前の私もそうだった。

だがある朝、コーヒーショップでいつものように、グランデ（470ミリリットルのLサイズ）のキャラメル・シナモン・チョコレート・フラペチーノを頼んだ。その時ふと、私の故郷チッティラムチェリ村の多くの人々が1日楽しめるであろう贅沢《ぜいたく》のさらに上を行く贅沢をしていることに気がついた。コーヒー2、3杯分を犠牲にすれば、人のためになることができるのではないだろうか、と思い至ったのである。

その答えは、サンフランシスコを拠点とする非営利組織のKiva（正式名はKiva Microfunds（キーヴァ・マイクロファンド））にあった。Kivaは、私のような個人が第三世界の女性たちにマイクロクレジット（小口融資）を提供し、彼女たちの起業を支援できる仕組みだ。

さっそく私は、生まれて初めてオンラインで25ドル融資してみた。

送り先は、ベトナムのチュンジア村に住む54歳の女性ゴ・ティ・チョンさん。農機具販売店を始めようとしているという。

彼女が必要としているのは1200ドル。

私が出した25ドルが果たして妥当な金額だったのかはわからないが、助け合いの力はすばらしい。4時間後には、数人の出資者が現れ、ささやかなポケットマネーを融資し、その結果、彼女は目標額を手に入れられたのだ。

それからも何人かの方にKivaを通して融資をした。

夫を亡くし、1人で5人の子どもを育てるケニアの女性、ペルーで漁業を営む女性、その次はパキスタンの仕立て屋の女性――。

グランデ・キャラメル・シナモン・チョコレート・フラペチーノを買うよりもずっと役に立つお金の使い方だ。

数か月後、Kivaからメールが届いた。エスターさんほか、私が融資した人たちが晴れて事業を設立し、利益を出せるようになり、返済できるようになったという。

私が出した融資が返済されたことは、それほど重要ではなかった。

彼女たちが世界に向けて「私たちは施しが必要なわけではありません。私たちは、れっきとした事業主なのです」と身を以って示したことを、私は誇りに思った。

彼女たちは、尊厳を持つことを、起業を通して学んだのだ。

そして何より、自分が役に立てるのだと実感できたこともうれしかった。

クリントン氏は同書で、「私たちは皆、立派な行いをする能力がある」とも記している。

実際、金銭ではなく家畜を贈ったり、その家畜から生まれた子どもをよその家に贈るなどして、ペイ・フォワード（人から受けた親切を他の人に別の親切として返すことで、社会に善意を広げていくこと）する仕組みもある。

手元にあるものが何であれ、そのリソースを活かすことだ。

たった一人ですべてをしてあげる必要はない。

無理なく普通にできることをする。

それだけで、大きな善意を届けることができるのだ。

アイスキューブと海

外側の世界と内側の世界、この2つの世界をつなぐことが大切であり、ヨガが有効であることは先ほど述べたとおりだ。

「ヨガ」の目的は、その言葉の中にある。

サンスクリット語から英語に訳すと、ヨガは「つなぐ」「融合する」という意味になる。自分の意識と宇宙の意識をつなぐ、つまり、自己意識を私たち人間よりもっと大きなもの、わかりやすい言葉を使うと、生命の根源やエネルギー、意識、宇宙、神、ブラフマン（ヒンドゥー教における宇宙の根本原理）の意識に融合することだ。

ヨガの動きは、このような融合を達成するためにある。

これは生きる目的そのものでもある。

ヨガの理論で、私たちが抱える苦しみや不調和[*1]、失望といった問題は、そのかなりの部分が分離感[*2]や幻影、閉塞感から生まれているという。

どういうことか。

アイスキューブ（角氷）をイメージしてみてほしい。

アイスキューブに自己紹介をしてもらうとしたら、こんなことを言うだろう。

「こんにちは。ぼくの大きさは1立方インチ（約16・4立方センチメートル）。摂氏《せっし》0度のときにできて、色は半透明です。ぼくは形や大きさを変えられません。

もし、あなたに温度を上げられてしまったら、ぼくの身体はすぐに溶け始め、死んでしまうでしょう」

あなたがこのアイスキューブに向かって、壮大なアマゾン川を流れる水や立ち上がって雲になる水蒸気を指さし、「溶けたからといっても死ぬことはありません。ああいう生き方もあるのではないですか」と言ったとしたら、

＊1　心理学用語でいう「認知的不調和」。心の中で矛盾する認知を同時に抱えることで引き起こされる不快感のこと。

＊2　心理学用語で、自分が人から拒絶されているような感覚を指す。

アイスキューブはこんな風に答えるだろう。

「本当にうらやましい。でも、ぼくにはアマゾン川のように流れることも、真っ白な雲のように自由に漂うこともできません。

それは、アイスキューブ本来の性質ではないからです。

たとえ雲や水になりたかったとしても、ぼくには無理です」


私たちもこのアイスキューブと同じである。

自分の周りにある限られた属性、たとえば仕事だったり、肉体だったり、富や財産、周りの人々だったり、社会的地位だったりが自己のアイデンティティであると錯覚し、そこに自ら閉じ込もってしまう。自分と他人を分離することによって、お互いを比較し、不幸や苦しみを生むだけでなく、ときに嫉妬や私利私欲、最後は憤怒まで引き起こし、結果として自分を苦しめるのだ。

もし先ほどのアイスキューブをゴールデン・ゲート・ブリッジ*の上に載せ、サンフランシスコ湾に落としたら、アイスキューブは一瞬で溶けて消えてし

＊ゴールデン・ゲート・ブリッジ
アメリカ西海岸のサンフランシスコ湾と太平洋が接続するゴールデン・ゲート海峡に架かる吊り橋。金門橋（きんもんきょう）ともいう。

まうだろう。

ただし、なくなってしまうわけではない。アイスキューブというアイデンティティを失いはするものの、水として太平洋の広大な海に融合する。

話は太平洋にとどまらない。なぜなら太平洋という概念は、ほかの海と区別するために人為的につくられたものである。実際、地球の70パーセントの面積を占める海洋系は、様々な海が1つにつながった巨大な水の集合体だからだ。

物理的に限られた存在にすぎなかった、1インチ大のアイスキューブ。それが巨大な海洋系そのものになり、地上に存在する生物たちよりもさらに多様な生物たちを育む。規模も巨大だ。場所によっては、エベレストがすっぽり沈んでしまう深さだ。

アイスキューブは、その一部に加わったことで巨大で無限大になり、アイスキューブ自身も、自分に無限の可能性と力と能力があることに気づくことができるはずだ。

アイデンティティがなくなったからこそ、自分の本来の力と可能性を見ることができたといえる。

実は、この物語にはまだ続きがある。元のアイスキューブの分子は海面から蒸発し、巨大な雲の一部にもなりうる。そして、いつしか液体になり、雨となって地上に戻り、もしかしたら水道水となり、アイスキューブになったり、アマゾンに降り注ぎアマゾン川の一部となるかもしれない。

人の意識の状態も、この話と似ている。自分自身でつくった制約にとらわれ、自分の内側と外側にある大きな可能性を融合させることができない。

マリアン・ウイリアムソン[*1]の著書[*2]に、次のような言葉がある。

「私たちは自問します。私が素晴らしく、ゴージャスで、才能があって、信

＊1　マリアン・ウイリアムソン
「ACIM（奇跡の学習コース）」の教えを広く紹介し、国際的に高く評価されているスピリチュアル作家・講演者。

＊2『愛への帰還―光への道「奇跡の学習コース」』大内博訳、太陽出版、1998 年より引用。

じがたい存在だなんてことはあり得ない。実際には、私たちはどんな存在にでもなれます。私たちは神の子なのです。自分を過小評価して、その役割を演じるのは世のためになりません」

分離感は、自分と考え方や行動が違う他者に対し、不信感や嫌悪感を生み出す。

そして、自分と他者の違いを探し出しては、自分と比べ、自分を追い詰める。他者との違いなど、挙げればきりがない。それよりも、「違う」ということだけ受け入れ、そのうえで相互接続をすることだ。

さらに、アイスキューブのように、自分も他者も状況は常に変化し続ける。お互いフラットな状態で融合することだ。

第2部

アクセス

インターネットも携帯電話もない時代、インドの農村で米作りをしていた私の祖父母は、外の世界とほとんどつながりはなかった。

両親は村の学校に10年間通っていたので、多少、他の町の情報などに触れる機会はあっただろうが、やはり限られていた。

私が子どもの頃はだいぶ良くなっていたが、農村だったため、情報に飢えていて、勉強、友人、読書以外にも、ニュースといった身近にあるすべてのものから得た情報を吸収した。

その環境下で私たち４人のきょうだいは合わせて10の学位を取り、アイビーリーグのビジネススクールに行くことができた。なぜだろうか？

答えは、情報へのアクセスだ。

想像してみてほしい。

ネパールの山岳地帯にある学校に通う子どもたちは、本物の海を見たことがない。だが、インターネットにアクセスできるようになったおかげで「Google《グーグル》 Earth《アース》」*を使って、海の中の様子や生き物たちを眺めることができる。今まで見たこともない、存在することすら知らなかった生き物たちの姿を目にできるのだ。

こうした情報が学びの心に火をつけ、様々な機会を生み出し、人々の暮らしを変えることは少なくない。

私がグーグルで特に好きなところは、人々が普段アクセスできない情報を手に入れるのを手助けしている点だ。

情報は、様々な世界の扉を開くことができる。

アクセスすればした分、自分の可能性を開く扉にもアクセスすることになるのである。

＊Google Earth
Googleが無料で提供しているバーチャル地球儀ソフト。ショーケースでは、火星や月、3Dの建物、海洋、過去の風景などの動画や画像を楽しむことができる。

THE INTERNET TO THE

自ら取りに行く

電車がティルチラーパッリ（南インドの州）の駅を出発してから6時間が過ぎた。

窓の外はすっかり暗闇だ。

目的地のチェンナイ（旧マドラス。インド東部ベンガル湾に面する都市。人口400万人）はもうすぐだ。南インドで唯一私が知っている場所だ。

なぜ、はるばるこの町までやってきたのか。それは、ここなら『U.S. News and World Report Guide to Best Graduate Schools（米国と世界のニュース、大学院生向けベストガイド）』を手に取って読むことができるからだ。

本当なら今頃、通っている地元のインド国立工科大学に行き、デジタル信号処理の授業で提出するレポートを書いているか、（電子回路の）超大型集積化の勉強をしているはずなのだが、アメリカの大学院に行くことを決めた当時の私には、この旅は欠かせないものであった。

大学院を調べる方法が、これしかなかったのだ。

アメリカの大学院に行くことを希望したインドの大学生たちが、そのために必要な情報、手続きについてまとめたガイドブックも目当ての1つだ。

それが「ROTGAD」と呼ばれる『Realization of The Great American Dream（大いなるアメリカンドリームの実現）』という本だ。

ティルチラーパッリ駅を出て7時間。

電車はブレーキを軋《きし》ませながら、ようやく目的地である13番目の停車駅チェンナイ駅のホームに入り、ガタン、ドスンと音を立てて停止した。

外の気温は35度。当然、エアコンはない。

さっそく米国情報サービスライブラリ（米国の出先機関）に向かうと、エアコンが効いた館内は快適で落ち着いた雰囲気だ。整然と資料が並べられ、静まり返っている。ちょっと偉くなったような、そしてある種の達成感を覚えながら、私は例のガイドブックを持って空いていたテーブルに着き、興味のある学校の名前を紙に書き留めた。

ハーバード大学やマサチューセッツ工科大学（MIT）、スタンフォード大学といった、聞いただけで怖気《おじけ》づくような大学は避け、ルイジアナ州立大学や、フロリダ大学オレゴン科学技術大学院といったところに目をつけ、情報収集を始めた。

骨は折れたが、集めた情報が持つ可能性、未来を想像すると心が躍った。

日帰りは無理なので、夜9時、ユースホステルにチェックインした。予算的にそこが唯一泊まれる場所だった。ベッドは20台あり、宿泊客はほとんどが私のような学生で、スリランカのジャフナから来た若者たちもいた。彼らは母国の紛争から逃れて第三国に逃れようと難民認定に必要なビザが下りるのを待っていた。

翌朝、帰途についたが、これらの情報を手にするまでに使った時間は24時間以上。そのうち14時間は、たった1人で電車に揺られていた。今日のように、インターネットが使えていれば、大学院のリストはものの10秒で見つけられたことだろう。

外の世界につながる（アクセスする）ことは、当時、簡単なことではなかったのだ。

だが、自ら情報に敏感になり、取りに行くようになると、不思議なことにどんどん情報が入ってくるようになる。

私自身、高校時代にある地方紙で「2000年にはエレクトロニクスやコンピューターサイエンスの分野でエンジニアの需要が増加するだろう」という記事を読んだことがある。そのことがきっかけで、私のレーダーにこれらの業種が引っ掛かり、研究に強く興味を持つようになった。

すると、エレクトロニクス関連のニュースがどんどん届くようになり、結果、大学選びや将来を決めていくうえでの大事な判断軸となった。

実際インドの大学院を出た後、ニューヨークで働いていたときに、偶然、ペンシルベニア大学ウォートン・スクールのMBAプログラムの広告を目にした。説明会に出て、大学に願書を出したところ、ウェイティングリストに入り、翌年入学を認められた。そして今、ここにいることができている。

世の中にはたくさんのもの、こと、場所、人、出来事がある。興味のあるもの、好きなものに対してはアンテナを張り、どんどんアクセスすることだ。

そうすることで、より人生は豊かになり、彩《いろど》りが出るだろう。アクセスしたさらにその先にも、新しい世界は広がっているのだ。

空きスペースを常に用意しておく

日々、様々な出来事が起き、たくさんの情報が飛び交っている。

その中で自己を見失わず、自分のペースを保ち続けることはとても難しい。

たくさんの案件（タスク）を抱えていて、それぞれが気になった結果、注意力が散漫になってしまい、腰を落ち着けて取り組むことができなかった。

メール、メッセージがたくさん届いているのに、なかなか返信できず、そのことに焦ってしまい、チェック漏れ、返信漏れをしてしまった。

恋人、家族とケンカしてしまい気が気でなく、仕事に集中ができなかった。

そんなことはないだろうか。

人の脳は器用ではないため、1つのことに意識がいってしまうと、ほかのことに気持ちが回らず、パフォーマンスも下がってしまう。

こういうときは、ひと呼吸した後、気になっていることを1つずつ片づけるほかない。

SNSの通知や電子メール、打ち合わせの依頼など、手際よくさばいて受信トレイを空にするのだ。

気持ちよく、目の前のことに集中でき、パフォーマンスも上がるうえに、トレイを空にすることで本当に重要なメールを取りこぼしたり、見逃すことがなくなる。

人の脳や心も受信トレイと同じだ。

人は余裕があると、落ち着いて考え、動くことができる。

心や脳に常に空きスペースを作っておくことができれば、常に自分らしくいられるのである。

静寂に身を預ける

ドバイはラスベガスの景観とアラブの魂が1つになった国際都市だ。砂漠の上できらめきを放ち、エネルギッシュで好景気に沸いている。生意気で恐れを知らぬ、その壮大な野心には圧倒される。街には自信過剰な雰囲気が漂い、この世で唯一の目的は、人をあっと驚かせることだと言わんばかりだ。

主要幹線道路シェイク・ザーイド・ロードを走行していると、建設中の高層ビル群と巨大なクレーンの海を通り抜けているような気分になる。

この道路が走る開発地区を高層ビルが林立するマンハッタンをも凌《しの》ぐ壮大な景観に変え、中東のウォール街にする構想を掲げたのは、ドバイ首長だった故シェイク・ラーシド・ビン・サイード・アール・マクトゥーム殿下だった。

ドバイでは今、彼の構想を実現すべく、あちらこちらで工事が続いている。私がここを訪れたとき、進行中の建設工事の規模は２２００億ドル超に膨れ上がっていた。人口４００万人として計算すると、建設プロジェクトにかかる費用は１人あたり5万ドル以上。ここは国民１人あたりが負担する経費が世界で最も高いのだ。

そんなドバイに住むいとこのバチュを訪ねたとき、彼と彼のルームメイト、ユニは、私をドバイのあちこちに連れて行ってくれた。

最後に案内されたのがデザートキャンプである。

デザート（砂漠）キャンプでは、伝統料理の夕食をいただき、その後、ベリーダンスを楽しんだ。気分はまるでアラビアの王子さまだ。

パーティーが終わると、ホストたちに促され、私たちは満天の星空を見上げて静寂な砂漠の夜に耳を澄ませた。

「この静寂は千年の昔から変わらないのです」

案内役の男性の声を聞きながら、数時間前、ここからたった数マイル離れた場所で未来に向かって疾走する都市の喧騒やまばゆい灯りやカオスに包まれていたことが頭をよぎる。今は、砂漠の星の下で太古からある自然で神聖な存在を感じている。自分の魂が必要とするものと、もう一度つながり直すことができているのがわかった。

私たちが私たちらしく生きるには、こういった自然のオアシスが必要なのだ。

ヘンリー・ソロー[*1]はなぜ、ボストンを去り、ウォールデン湖のほとりに住み着いたのだろう。

インドの哲学者たちはなぜ、昔からヒマラヤ山脈の静けさの中に身を寄せてきたのだろう。

デザイナーのフィリップ・スタルク[*2]はなぜ、「ほとんど1人ぼっち、しかも何もない辺ぴな場所に暮らしている」と言いながら、最前線に立ち続けられるのだろう。

＊1　ヘンリー・ソロー
19 世紀のアメリカの詩人・作家・思想家。

＊2　フィリップ・スタルク
パリ出身のさまざまな分野のデザインを手がける総合的デザイナー。独創的なスタルクスタイルは世界中で評価されている。

マンハッタンの投資銀行のバンカーたちはなぜ、週末にバークシャーやハンプトンに押し寄せるのだろう。

　サウジの富豪で投資家のアル＝ワリード・ビン・タラール王子はなぜ、砂漠のキャンプにこもり、星明りに照らされた静寂の中で腰をおろすのだろう（もちろん、豪華なテントとお付きの者たちを従えていたが）。

　アル＝ワリード王子[*1]がシティバンクに重要な投資をした直後（1991年に5億9000万ドルの投資でシティバンクを救済した）、会長兼最高経営責任者（CEO）のジョン・リードが王子とともに砂漠にこもり、豪華なカーペットに座ってボルスター（枕の下に敷く円筒形の補助枕）に寄りかかり、アバヤ（アラブの伝統的民族衣装）姿で砂漠の空を見上げていた姿は忘れられない。

　私たちがどういう立場の人間で、どれだけ都会的な生活をし、どれだけ現代的なリズムで過ごしているかは重要ではない。ましてや、私たちの出生や死、一部の生活のリズムは何千年も前から変わっていないし、この先何千年

＊1　アル＝ワリード・ビン・タラール
サウジアラビアの王家サウード家の一員で起業家、投資家。3万ドルの種銭から投資を始め320億ドルの資産を築き上げ、世界で20位の大富豪となっている（ブルームバーグビリオネアインデックスランキングより）。

も変わらないだろう。

自然の静けさと砂漠の奥深くには、人々が元気を取り戻すための充電ステーションがある。そこは、私たちが日々の忙しさからいったん離れ、意識を別なフェーズに置くための場所であり、重要なものを見極め、そうでないものを捨て去るための場所だ。

フィリップ・スタルクやビル・ゲイツが「考える週（Think Week）」[*]について多くを記しているように、再びクリエイティブな魂とつながる場所でもある。

ドバイの砂漠に行くのは簡単なことではないだろう。

だが、忙しい日常を飛び出し、心や脳を休めることのできる静寂な場所、デザートサファリを見つけてほしい。

そして、太古の昔、まだ見ぬ未来について思いを馳せてほしい。

何度も繰り返すうちに、あなたの中に眠っている才能、力が目覚めることだろう。

＊Think Week
マイクロソフト創業者のビルゲイツが考案・実践していた習慣。毎年1週間、完全に業務から離れ、他人と距離をとり、ひたすら考えるための時間をとっていた。

タスクは1つにしぼる

先週、シカゴ空港でセキュリティチェックの列に並んでいたときのことだ。私のすぐ前に、いかにも出張中と思われる女性がいた。

おそらく会議を終えて帰宅しようとしているのだろう。彼女は昼食のサンドイッチを食べながら、自分のiPad《アイパッド》に何かを打ち込んでいる。列が少しずつ前進している間も目を上げず、手荷物のバッグを足で前に押しやって列についていっている。

女性の携帯が鳴った。すると彼女は、携帯を肩と首の間に挟んで話し始めた。相変わらず片手にはサンドイッチ、もう片方の手にiPadを持ったままでだ。

ようやく係官が身分証明と搭乗券を確認しているデスクまでたどり着くと、

彼女は自分のiPadをカウンターに置き、ハンドバッグから運転免許証を取り出した。それでもやはり、携帯を肩と首の間に挟んだまま話し続けている。そう、彼女はいま、同時に5つのことをやっているのだ。

私は心の中でこう思った。

文明はどうしてここまで進化したのだろう？

人類はどうして生存競争に生き残ってきたのだろう？

彼女の姿は、果たして文明が進化した成果で人間が勝ち得たものなのだろうか。

私が長年かけて、試行錯誤や困難な体験を通して学んだのは、「一度に1つのことだけに集中する」ということだ。

シンプルで平凡すぎるかもしれない。

だが、心臓外科医、プロのアスリート、世界的なミュージシャンなど、一流の人々が発見し、採用し、習得してきた成功のための秘訣でもある。

今日のハイパーコネクテッド[*1]で高速充電式のライフスタイルでは、私たちは一度に多くのことをやりすぎて、そのプロセスに気を取られすぎる傾向がある。

ブロガーのリンダ・ストーンは、こうした傾向を「持続的注意力断片化障害[*2]」と呼んでいる。

彼女は、次のようにも説明している。

「人は忙しくすることと何かとつながっていることで、生きていると実感できる」

「しかしその結果、私たちは過度な刺激を受け、心のネジを巻き過ぎることで、十分に力を発揮できないでいる」

生産性についても同じことが言える。

たとえば、私はミーティング中、それも同僚によるプレゼンの最中であっても、ついメールをチェックして返信したい気持ちに駆られる。それだけで

＊1ハイパーコネクテッド
あらゆる人やモノがインターネットにつながることを指す。

＊2サード・メトリック
しなやかにつかみとる持続可能な成功』アリアナ・ハフィントン著
服部真琴訳（CCCディアハウス）を参照。

はない。会議中にチャットウィンドウをいくつか開いて会話したり、昼食を頬張ったりしてしまいそうになる。

日々すべきことがたくさんあるため、つい、できるときはいっぺんに片づけようとしてしまう（どうやらそれは性格的なものらしい）。

実際、一気に仕事を片づけたこともある。だがしかし、本当に生産的だったかというと、実はそうでもない。本当に何かを「終わらせることができた」のかどうか、自分でも自信がない。

プレゼンされた内容を何一つ覚えていなかったり、料理の味、場合によっては食べたものさえ思い出せないこともある。間違えて別のチャットウィンドウにメッセージを送って恥ずかしい思いをしたこともある。

私たちの脳は、一度に1つのことに集中することを得意としている。

一度にたくさんのことをやりすぎると、脳は絶えずタスクの間を行ったり来たりしなければならず、その分エネルギーを消耗してしまう。

また、1つのタスクを終了し、次のタスクに入るときにも時間がかかる。

その昔、ある高名な禅師は「お腹がすいたらご飯を食べ、疲れたら眠ればよい」という教えを説いた。ただのおまじないのように聞こえるが、彼自身の悟りの境地がこの言葉の中にある。

一度に1つのことを実行するために、私は次の2つを行っている。

1 最も重要で緊急性の高いタスクを1つ選ぶ

まず目の前にあるものから、最も重要で緊急性の高いタスクを1つ選ぶ。タイマーをセットして、その1つのタスクに全力で取り組む。終わったら、もしくはタイマーが鳴ったら、手を休めるか、きりのいいところまでもう少しだけ作業を続ける。

その後、少し休憩したり、水分を補給したり、オフィスの中や屋外を散歩したりしてから、次に重要なもう1つのタスクに取り掛かるのだ。

ときには、トロントの会議で発表するプレゼン資料の作成といった大きなタスクに取り組む必要もある。そんなときは、いくつかのタスクを交互にこなしてみる。

たとえば、プレゼンの準備に30分、メールの対応に30分、それからまたプレゼンの準備に戻るという具合だ。反対に、締め切りが厳しいときには、そのタスクが終わるまで続けてもいいだろう。このシステムだと、柔軟に対応することができる。選択するのは、あなた次第だ。

2 自分自身と約束する（時間・内容）

たとえばカレンダーに「顧客向けのプレゼン資料作りが終わるまでほかのことはブロックする」と書き込み、別の仕事を入れないようにする。あるいは2時間の枠を確保して、溜まっている数百件のメールを一気に処理する。こうすれば、メールが来るたびに対応しなくて済む。

正式に約束したことであれば、たとえ自分との約束であろうと、そのタスクに全力を投入しやすくなる。

トニー・シュワルツ*は2013年、「ハーバード・ビジネス・レビュー」のブログに、マルチタスクによる弊害について記している。

「最も犠牲になるのは、あなた自身の生産性だ。原因の1つは、いろいろなことに注意を振り向けることにある。どの作業にも部分的に関わってはいるが、1つのことに集中することが困難になるため、万全の体制とは言いがたく、結果も明らかだ。

また、最初のタスクから別のタスクに切り替えることも作業効率を落とす原因になる。

最初のタスクをやり終える時間は平均で25パーセント増加する。

さらに、もしあなたが休みなく常に何かをやり続けている人なら、注意が必要だ。毎日、自分のエネルギータンクの燃料を燃やし続けることで、あなた自身の可用性（ユーザーから見て、故障などの時間を除き、システムがいつでも使用可能な状態を維持すること）も徐々に落ちていくからだ。切り替えは忘れずに行うことだ」

*トニー・シュワルツ
元ニューヨーク・タイムズ記者。メンタル・タフネスのトレーニングシステムを開発し、一流アスリートを指導してきた。

他にも、シュワルツが提唱しているシンプルな提案とは、いちばん大事な仕事は朝いちばんに、それも60～90分間でやるというものだ。

1日をクリアな状態でスタートでき、作業効率も上がるという。仕事の区切り目を決めておき、そこに到達するまではあらゆる衝動を抑え、集中する。作業に没頭できる分、生産性も上がる。

作業が終わったら、その後数分間は身も心もリフレッシュする時間にあてるのだ。

「作業に関わるときは、決められた時間それに打ち込むようにする。気力と体力が回復したら……グレーゾーン（仕事の区切り目がない状態）で過ごす生活はやめにしよう」

と、彼も言っている。

一方の私は長年、マルチタスク人間が実在すること――仕事に区切り目のない「グレーゾーン」の中にいてもうまくやっていけることを実証したいと努力してきた。

ところが、その私が一度に1つのことだけをこなすようにしてみたら、より多くの仕事をよりうまくこなせるようになったのだ。

皮肉な話である。

先日、ちょっと怖い話を聞いたので紹介しよう。

ご存知のように、脳は最も複雑で洗練された動作をするシステムの1つだ。

脳に1つのタスクを与え、それだけに集中させると、素晴らしい仕事をする。

ところが、5つのタスクを与えて同時に集中させようとすると、かなりのダメージを受ける可能性があるというのだ。

何がいちばん大事なのか、最初に絞ることで成果はぐっと変わるのである。

ボーダーをなくす

飛行機がラルナカ国際空港に着陸すると、私たち乗客が地上に降りられるように、グランドクルーが手押し式のタラップを機体に横付けする。本当に、このまま逃亡できそうな場所にやってきたのだ[*1]——。

地中海沿岸の国キプロス共和国は、上空から見ると深い藍色の海に浮かぶ蓮の葉っぱのようだ。

キプロスは、ギリシャ、トルコ、シリア、レバノン、イスラエル、エジプトに囲まれた島だ。人口は100万人余り。サンフランシスコのベイエリアと比べると、面積は小さく人口も少ない。

まさに「地理とは運命である」という至言をそのまま体現したような国である。数百年にわたり、ギリシャ人、ルーマニア人、ビザンティン諸国、

*1
映画『ゲッタウェイ』(1972年)で主人公が国境を越えて逃亡するシーンになぞらえている。

リュジニャン家[*1]、ジェノヴァ人、ベネチア人、オスマン人、イギリス人、トルコ人など、様々な国や民族がこの島を侵略や開拓、移住の中継地とし、その足跡を残して行った。

過去の占領時代を含め、キプロスの歴史を紐解《ひも》いてみると、チャーチルが残した次の言葉が思い浮かぶ。

「歴史とは次々に面倒なことが起こるものだ」

現在のキプロスは、ギリシャ系、トルコ系住民が占める2つの国に分断されている。

首都ニコシアの中心街からリドラス通りの終端にある国境検問所に向かって歩き、突き当たりの「グリーンライン」[*2]に差し掛かると、手前にこんな看板がある。

「世界で唯一分断されたままの首都」

キプロス共和国側を後にし、北キプロス・トルコ共和国に入ると、今度は

＊1　リュジニャン家
中世フランスの有力諸侯を輩出した一族。12 世紀から 15 世紀にかけてキプロス王国やエルサレム王国を支配した。

＊2　グリーンライン
1974 年、トルコの軍事介入によりキプロス島が２つに分断された結果、南部のギリシャ系住民と北部のトルコ系住民の衝突を避けるために国連によって設けられた緩衝地帯のこと。

別の看板が私を迎えてくれる。

今、私が立っているこちら側に国が存在すること自体、普通の理屈では説明がつかない。世界中でこの国を認めているのは唯一、トルコだけだ。

私が育ったインドも、同じように分割統治を経て、最後はインド、バングラデシュ、パキスタンの３つの国家に分裂した。分裂によるぎくしゃくした関係は、今もなお続いている。

アラブ諸国とパレスチナ、北アフリカ、朝鮮半島では、人工的な境界線を引くことで国家は分断され、同じ民族や文化をもつ住民、社会、そして家族でさえもばらばらに引き裂かれた。

古今東西、この「国の境界線」に関する問題、紛争が世界中で起きているのである。

興味深いことに、人間は境界線を引きたがる唯一の生き物なのだそうだ。他の動物はそのようなことはしない。

たとえば、セレンゲティ[*1]に柵はないし、手前のウィルドビースト（ヌー）はこちら側、ゾウはあちら側などという決まりもない。動物たちにとって、地球はどこまで行っても同じ1つの地球だ。

かつての人類も、そうだった。境界線（ボーダー）という概念は、人類の長い歴史の中で比較的新しいものなのだ。

氷河時代の人がベーリング地峡[*2]を渡るときに検問所を通る必要はなかった。コロンブスでさえ、旅券にスタンプなどなくても船で新世界にたどり着けた。私の記憶では、ポルトガルの探検家バスコ・ダ・ガマが1498年にインドのカリカットに到着したとき、現地の王様は彼に査証を要求するどころか、代わりに祝宴でもてなした。

今日存在する国境線は、ごく一握りの権力者たちによって引かれてきたものが少なくない。

一方、私の実感では、とりわけバーチャルな世界（インターネット）では、

＊1　タンザニア北部にある有名な自然保護区のこと。約300万頭の野生動物が生息しているとされ、1981年に世界自然遺産に登録されている。

＊2　今から1万年前の氷河期（最終氷期）に現在のアラスカとシベリア間に存在した陸地。

壁が急速に壊されつつある。

国も性別も年齢も関係なく、多くの人々が自由に創造し（work）、再生し（play）、つながっている（connect）。

インターネットの世界では、国境は意味を持たない。この世界では、情報、すなわち、様々な知識やストーリー、意見、写真、家族とのひととき、そして人々のありとあらゆる体験が、クリック1つで世界中に広がっていく。国境を越えて人々が出会い、言語ツールや翻訳ソフトを使って、よその国の人たちと会話することだってできるのだ。

あくまで私の想像だが、地球を細かく分けているグリーンラインは、やがて意味を持たなくなるだろう。

そして私たちは、国境を通過するのにパスポートやビザが本当に必要なのかを問い直すようになるだろう。

もしかしたら、100年、200年後には国境がなくなっていて、行きたいところに自由に旅することができるようになっているかもしれない。

何の妨げもなく、人々と自由につながり、関わることができる、そんな世界になっているかもしれない。

そして、私たちの活動の舞台が広がり、暮らしもはるかに豊かになっているかもしれない。

人間を除いて、地球上のあらゆる生き物たちに国境という概念はない。

どんな動物も地球上を自由に移動する。

地球は１つだ。

やり方次第で、境界線もない。

制限をつける必要はないのである。

意味と目的を見つける

ウォートンで迎えた最初の週、この大学のＯＢであり、当時チャールズ・シュワブのＣＥＯ（最高経営責任者）だったデビッド・ポトラックが、「目的意識」をテーマに講演した。

「私たちは、神から大いなる祝福を受けている。

君たちは感謝すべきだ。

ここを卒業したら、たくさんの素晴らしいオファーが舞い込んでくる。

その中から自身で選ぶことだ。それが最初の大きな難関になるだろう」

デビットからのアドバイスはこうだ。

仕事を選ぶときは、最大の意義や目的意識を感じるだけでなく、心の奥で共鳴し、自分や他者のために何らかの役に立つ価値観や行動につながるものを選ぶことだ。

デビッドが最初に選んだ仕事は、彼自身の心に何も響かないものだったという。そこで、次の仕事を探したところ、いくつかの候補が見つかった。

その中でいちばん心惹かれた仕事は、いちばん給料が低くていちばん地味だったが、意義と目的意識にかなっていた。そのため、迷いなく選んだという。

入社して最初の数か月はJトレインが通るたびに揺れるような地下のオフィスで仕事をしていたそうだ。

デビッドはその仕事を愛し、全身全霊を捧げ、めきめきと頭角を現し、業績を上げ、キャリアを積んでいった。自らの手でチャンスを広げながら、自らの意義と目的意識を感じる仕事を選び続け、またたく間に出世を果たした。

そんなデビッドの話は、今でも私の心に残っている。

セルゲイ・ブリン[*1]（現アルファベット[*2]社長）とラリー・ペイジ[*3]（同社CEO）がグーグルを創設したとき、2人はシンプルなフレーズの中に彼らの掲げる

＊1　セルゲイ・ブリン
Googleの共同創業者。

＊2
Googleの組織再編に伴い新たに設立された持株会社。

＊3　ラリー・ペイジ
Googleの共同創業者、前最高経営責任者（CEO）。

目標を込めた。

それが「グーグルのミッションは、世界中の情報を整理し、世界中の人々がアクセスできる便利なものにすること」というステートメントだ。

セルゲイとラリー、そしてグーグルの社員たちは17年以上も、この目標に沿って驚くべき成果と素晴らしい機会を、自分たちだけでなく、地球上の何十億人もの人々のために創り出し続けてきたのだ。

技術革新の巨大なエコシステムの中でグーグルが果たしている役割は、ごく限られた一部分にすぎない。

今日、情報は世界を動かし、人類をより賢くしている。そして、誰もが情報にアクセスできる機会を提供し、人々の意欲を引き出し、人類に均等な機会をもたらしている。

それは私の仕事に大いなる意義と目的意識を与えるだけでなく、私自身がそこにエネルギーを注ぎ込みたいと思える対象でもある。だからこそ、私はこの仕事をしているのだ。

親友のチャディー・メン・タンは、グーグルのエンジニアの草分け的存在で、「グーグル・ユニバーシティ(グーグル大学)」の「自己成長スクール(School of Personal Growth)」の創設者であり、「ジョリィ・グッド・フェロー」を自認している。

彼には個人的なミッションステートメント(信条、理念)があり、それに従って行動している。

メンはグーグル設立当初からのメンバーだが(従業員番号「107」)、経済面でも大成功を収めていたため、将来について様々な選択肢があった。このままグーグルに残って技術開発を続けるか、自分の築いた財産でまったく別の道に進むか――。

結局、メンはグーグルに残り、自分のミッションステートメントを中心とする生き方を選んだ。さらに、それまでの肩書を変え、自ら昇進の道を捨てたメンは、ダライ・ラマから多くを学ぼうと、話を聞きに行き、彼の著作を読むようになった。

彼の心を捉えたのは、ダライ・ラマが書いた次のような一節だった。

「自分自身の中に平和を見出すことができなければ、世界平和をもたらすことはできない」

彼はこの言葉に自分の使命を見出し、心の平安を達成するには瞑想が役に立つという見解のもと、専門家とともに仕事でマインドフルネスを取り入れる方法の研究を始めた。

そして、グーグルの社員を対象に、マインドフルネスに基づく情動的知能（EQ）について学ぶ教育プログラムを開発。現在は、スタンフォード大学などの研究者と協力し、自身が開発したプログラムの有効性を科学的に実証することを目指している。

彼の作ったプログラム「サーチ・インサイド・ユアセルフ（SIY）」は、グーグルでもいちばん人気のあるトレーニングプログラムだ。

このクラスの人気ぶりと併せて、希望者のマインドフルネスに対する旺盛な知識欲の高さは目を見張るものがある。大勢の技術者たちが新しい人工知能プログラミングのテクニックとか、マシン言語理論を学ぶためではなく、内面的な平和のために順番待ちの列に並んでいるのだから。

彼の活動はグーグルだけにとどまらない。『ニューヨーク・タイムズ』のベストセラーに選ばれた著書[*1]『サーチ・インサイド・ユアセルフ』は、10数か国語に翻訳され、彼自身も様々な地域でマインドフルネスの世界について講演したり、「サーチ・インサイド・ユアセルフ・リーダーシップ・インスティテュート（Search Inside Yourself Leadership Institute、SIYLI《シリィ》）を設立（彼のモットー[*2]「人生は重要すぎて深刻に整えることもままならない」という言葉に敬意を表している）するなど、活動の幅は広がるばかりだ。

これもすべて、彼自身が意味を見出した究極の目的「自分が生きているうちに世界平和のお膳立てをする」を明確に意識して行動しているからこそである。

では、「意義」「目的」とはいったい何か。

その答えは、あなたが兼ね備えている才能と資質にある。

＊1
原題は『Search Inside Yourself: The Unexpected Path to Achieving Success, Happiness (and World Peace)』。日本語訳は『サーチ・インサイド・ユアセルフ』として英治出版より刊行されている。

＊2
アイルランド出身の詩人・作家オスカー・ワイルドの名言。

私たち一人ひとりには、独自の才能と生まれ持った資質が備わっている。そうはいっても、自分の才能をすでに見つけることができている人は多くないだろう。

探し方は簡単だ。

我を忘れ、時間を忘れるほど、無我夢中で取り組めることは才能である。音楽、料理、人を良い気持ちにさせたりするなど、なんでもいい。

これまでの人生を思い出してみてほしい。そして、自分がどんなことに意義を感じ、自分の才能や資質がどこにあるのかを突き止めるのだ。それがヒントになる。才能を活かし、自分らしさを表現できれば、気持ちも軽くなり、物事に集中することができる。そして、あなたの才能は、あなたの生きがいになる。

あなたにとって本当に心に響くものと喜びを感じるものに、意識的に自分の時間を使うことが大切だ。

何のために生きるのか、なぜ、この仕事に取り組むのか、意識しよう。

大事なことだけに集中する

ウォートンで受けたデビッド・ポトラックの講義で、自分自身の意義と目的に沿ってキャリアを選択する大切さを学んで以来、私は常にそのことを意識してきた。

だが、最初の2～3年間は、具体的なプランを作り出せずにいた。自分の意義と目的を果たすために必要な行動とは何なのか、決めかねていたからだ。

ある日、様々なことを整理するためにリトリート生活を送るべくニューカマルドリ修道院へと向かった私は、修道院の庭に座ってじっくり考えた。

数分後、私は目を開けて鉛筆を取り、そこにあった1枚の紙に「私の人生の行動原理について」とだけ書いた。

それから思いつくことを、その紙に書きつけた。

書き込みでいっぱいになると、もっと明確なものに仕上げたくなった。そこで、ここから余分なものを取り除いて自分の行動原理をたった5つの単語で表すことにした。

「私の人生でいちばん大事なこと。私にとって不可欠なこと。私自身に意味と目的を与えてくれること」という視点で選び、まとめ直した。

その5つはなんでもいい。たとえば、ひとくちに健康（健全性）といっても、精神面や情動面、心と体、経済面などいろいろある。あなたにとって必要不可欠なことは、あなた自身がいちばんよくわかっているだろう。

5つの優先項目に集中するようになってから、生活の質や優先順位が変わった。それだけではない。その結果味わえる喜びもまた、これまでとは違うものになったのだ。

皆さんの中には、早速始めてみたいが、「人生に不可欠な項目リスト」を作る時間を見つけるのはちょっと無理そう、という人もいるだろう。

リストは1回で完成させる必要はない。

もちろん、リストを作るために、わざわざ修道院にこもる必要もない。

自分に喜びをもたらすものは何か、ぴんとこない人もいるだろう。

リストを作る際は、あなたが今、ワクワクしていることを、どんなに小さなことでもいいから書き出してみることだ。

5個に絞るのが難しいときは、200項目くらいのリストにするなど、思いついたことをどんどん入れていくのもいいだろう。

その場合は、リストアップした項目から「そんなに重要でないものはどれだろう?」と自分に尋ねながら重要ではない項目を削っていくことだ。

見直し作業をある程度の期間繰り返し、最後は10個未満に抑えたら完成だ(理想は5個以下)。

こうして残った項目があなたの最優先項目になる。それ以外は要らない項目だ。

グーグル傘下のユーチューブ（YouTube）のCEOであり、２０１５年には、米タイム誌の「世界で最も影響力のある１００人のリスト」にも選ばれているスーザン・ウォシッキーは、彼女自身が「スリー・ビッグ・ロックス（3つの大きな岩の意）」と名付けたメソッドを実践している。

スーザンは、グーグル設立当初からの社員（従業員番号は「16」）だ。１９９８年、当時妊娠中だった彼女は、住宅ローンを払い続けられるか心配になり、メンロパークのサンタモニカ・アベニューにある自宅のガレージをラリー・ペイジとセルゲイ・ブリンに貸すことにした。彼らはその小さなスペースにオフィスを作り、グーグルを設立した（現在のグーグル本社は、そこから6マイルしか離れていない）。

スーザンとは昔からの知り合いだ。ある日私は彼女にこう尋ねた。

「君はいつも、62のことを頼まれ、１００のことを気配りしているけど、いったいどうやって全部を頭に入れているのかい？　しかも、どうやったら正気でいられるの？」

彼女曰く、どうでもいい用事や話は切り捨てて、3つの優先項目に絞るのだという。そのおかげで一気に物事が進展し、自分がちょうど抱えている仕事もそれ次第でうまく片づくのだそうだ。

シリコンバレーに住み、グーグルでユーチューブの仕事をしているので、さぞかしハイテクを駆使していると思いきや、意外にも彼女が優先項目を記録するのに使っているのは「フセン紙」だ。彼女はフセン紙に3つの項目を書き出し、それを自分のコンピューターのモニターに貼り付けているという。

自分にとって何が大事か。

それを決めるのは、あなた自身だ。

静かで穏やかで、あなた自身の中にゆとりが見出せる場所で考えることだ。

座って自分自身に、こう問いかけるのだ。

「私の優先項目は何だろう?」

そして、あなたにとって何がいちばん重要なのかを明確にしよう。

気をつけるべきは、プロセスを複雑にしすぎないこと。そして、シンプルにまとめること。余計なものを一切排除すること。

たとえば、家族、健康、経済的な成功、といった具合だ。

頭の中が混乱したときは、あなたの優先項目に注意を向け直そう。

それでも、どうしてよいかわからなくなったら、その優先項目に集中する。

何に集中すればよいかわからなくなったら、振り出しに戻る。そして、いちばん重要なものは何かを決めるところから始めよう。

大事なことに時間を使おう。

次の1時間に集中することを決める

「時間が足りない」

誰しも、こう思ったことがあるだろう。

時間に関するボヤキを聞くことは少なくない。

たとえ、どんなに成功した人であっても同じである。

企業のＣＥＯは「自分は働き過ぎだ（だから時間がない）」とため息をつく。

社員は社員で「我々は忙しすぎる（自由に過ごす暇がない）」と口々に言う。

私の故郷である南インドの農民たちも、常に「時間がない」と叫んでいる。

「1日は24時間」

そう決まっているのはわかっているのに、なぜ多くの人が、時間が足りないと不満を口にするのだろうか。

ビジネススクールを卒業し、マッキンゼー・アンド・カンパニーに就職したばかりの頃、私の生活はとてもひどいものだった。

土日返上で仕事をし、明けても暮れても仕事のことばかり考えていた。仕事をすることによって得られる、ワクワク感と達成感。これが、当時の私にとって命の源であり、最重要項目だったことは間違いない。

駆け足でミーティングルームを行き来し、飛行機に飛び乗り、食事は機内か会議場で出されるものを(たとえ不味くても)平らげ、しのいでいた。

自宅は散らかり放題、テーブルの上には請求書の入った封筒の山。忙しすぎて封を開ける時間も、ましてや支払う時間もなかったから、山はどんどん大きくなるばかりだった。

電話が止められたり、クレジットカードが使えなくなったこともある。お金がなかったわけではない。ただ、振り込みに行く時間が取れなかった。

スーツケースの中は、前回の出張の荷物が入ったままリビングに転がっていた。片づける暇もなかったし、次の出張のときに、中身を入れ替えて出掛ければいいから、手間が省けた。

このカオスのような忙しさは、1年近く続いた。

ようやくひと段落し、久しぶりに家で過ごすことになったある日、改めて自分の部屋の状態を見て愕然《がくぜん》とした。

自分の人生を管理することができていないことに気づき、急に恥ずかしくなってきた。

そもそもこの1年、自分らしく人生を歩んできたと言えるのだろうか。はっきり言って「YES」と答える勇気はなかった。

予定に流され、移動を繰り返し、食事も睡眠時間も不規則、運動不足で、瞑想もろくにしていない日々。この1年は、本当に滅茶苦茶だった。

「このままではいけない。このままでいいはずがない」

私は、日々の生活における優先順位、いや、人生の優先順位を考え直すことにした。

まずは、時間について考えるべく、スピリチュアルの師として仰ぐ1人であるマーター・アムリターナンダマイーが指導するプログラムに参加することにした。

人生や喜び、ひいては自分という存在の質はどうやって決まるのか。言い換えれば、私たちがどのように感じ、何を実行し、何を達成するのか。与えられた24時間をどう使うか。

もし自分に、あと2、3時間、あるいはもう1時間だけ自由にできる時間があったら、どうするだろう。

その時間を使って自分自身が感じる喜びや存在感、生活の質を最大限に高めるために、次に選ぶべきことを1つ挙げるとしたら何だろうか。

私の5つの行動原理を日々、支えてくれるものは何だろうか。

次から次へと、たくさんの質問を自分にぶつけ、「今の自分」にとって最優先すべきことが何かを、ひたすら考え続けた。

そして、10個のキーワードにたどり着いた。

実際に試したところ、様々な効果が見られた。

たとえば、思いつきやアイデアなどが戦術的なものに変化し、時間のムダがどんどんなくなっていった。

「1日の時間の使い方における優先順位10項目」、名付けて「10リスト」を、皆さんにシェアさせていただく。よかったら、参考にしてほしい。

1 睡眠(Sleep)

もし、「数時間好きなことをしていい」と言われたら、まず寝ることだ。それも8時間が理想だ。「睡眠」は、体調や感情に影響し、それが生きる喜びのレベルを決める。この簡単なルールを無視すると、自然界の法則に従って、厳しいしっぺ返しを受ける可能性もある。

友人のサラは、仕事後、大好きなダンスに興じていたところ、睡眠不足に陥り、仕事に集中できずはかどらないばかりか、会社で倒れてしまった。結局何もできなくなってしまったのである。

最初に睡眠とした意味がわかるだろう。

1日の時間の使い方における優先順位
「10 LIST」

1　睡眠（Sleep）

2　栄養（Nutrition）

3　エクササイズ（Exercise）

4　瞑想（Meditation）

5　愛情（Love）

6　モノ（Stuff）を片づける

7　仕事（Work）

8　情熱（Passions）

9　成長（Growth）

10　コミュニティ（Community）

2 栄養(Nutrition)

体に摂り込む食べ物、つまり「栄養」は、安心感や幸福感、喜び、エネルギー、健康、考え方や創造力の支えになることもあれば、健康、はたまた人生を阻害することもある。

以前、会食の席で、調子に乗って遅くまで出された料理をたくさん食べ、お酒を飲みまくったところ、その翌日、インド国鉄の上級幹部を交えた会合の席で、あろうことか居眠りをしてしまった。あのときの失態は二度と忘れないだろう。

食べることに対して、意識を持ち、集中することが大切だ。そうすれば、食事によって良い効果がさらに得られるようになるのだ。

3 エクササイズ(Exercise)

エクササイズは、身体をほぐし血流をよくするだけでなく、肉体的なエネルギーと精神的なエネルギーの充電にもなる。

スイミングにウォーキング、見晴らしのいいコースでのランニング、ヨガやダンス、テニスなど、なんでもいい。身体を動かすことだ。

私は旅行や出張など、十分に時間を取れないときでも、ホテルの部屋でタオルを敷き、その上で太陽礼拝のポーズ（ヨガの基本姿勢の1つ）を3、4回繰り返したり、ホテルの小さなプールを30往復したりしている。

大切なのは、量でも時間でもなく、気持ちのいい姿勢を見つけることだ。

4 瞑想(Meditation)

瞑想をすると、頭や心の中にある雑音を取り除き、すっきりするため、思考も明瞭になり、身も心も最高の状態で過ごせるようになる。

これも、できる時にできるだけすればよい。

たとえば私は、仕事柄、よく飛行機に乗るのだが、離陸する15分間を瞑想の時間にあてている。照明が消え、乗務員のサービスもないし、とても静かで瞑想にはうってつけなのだ。

5 愛情(Love)

「愛」とは、愛情のある考え方や行動、愛する人たちのために時間を割くことだ。

「愛情はリストの最初に持ってくるべきではないのか？」と思うかもしれないが、このときの私にとっては5番目だった。

なぜなら、人間はよく眠り、よく食べ、運動し、瞑想する時間がないと、自分の存在そのものが不安定になり、エネルギーの高い状態を保つこと、自分自身や愛する人たちと喜びをわかちあうこともできない。

愛情が最適かつ最高の状態にあるときに、身動きがとれないなんてことはあり得ない。

飛行機に乗ると離陸前にどの客室乗務員も「誰かを助ける前にまず自分が酸素マスクを付けましょう」とアナウンスするが、私の考え方もこれとちょうど同じようなものだ。

6 モノ(Stuff)を片づける

ここで言う「モノ」とは、メールや皿（洗い）など、日常生活を円滑に切り盛りするために必要な日々の物事、つまり雑用を片づけることだ。

こうした雑用は、緊急でも命に関わることでもないが、もしもやらずに放置すれば、感性やパフォーマンスに支障をきたすようになる。

7 仕事(Work)

やはり、仕事は欠かせない。

仕事が7番目であることに、驚く人も多いだろう（憤慨して、私の雇用主に言いつけるのは止めてほしい）。

働いている人なら、1番目に「仕事」を置くだろう。

だが、1番目から6番目までのことに対応できればなかなかのものだし、少ない時間でよりクオリティの高いことをこなすことで、仕事の完成度もはるかに高くなる。試しにやってみるといいだろう。誰にでもメリットがあるということがわかるはずだ。

あなたにメリットがあれば、会社にも同僚にもメリットがあり、上司も超ご機嫌だ。

8 情熱(Passions)

次は「情熱」。つまり、私を行動に突き動かすものだ。情熱を注いでいるものというとわかりやすいだろうか。

情熱による行動は、自分が好きだからやっていることである。

たとえば仕事。これも、情熱を注いでいるものの1つだ。義務だからでも、生活の手段だからでもない。

ほかにもたくさんある。大勢の前でスピーチしたり、ヨガを教えたり、キルタン（音楽とともにマントラを唱えるヨガの1種）を歌うことなど。

だから、もしもあと1時間自由に使えるとしたら、情熱のために使うだろう。

9 成長(Growth)

そして「成長」だ。

成長し続けたいと考え、何かを真摯に学ぶことは、自分の新しい可能性を実現し、世界を広げるのに役立つ。

ハーモニウムの演奏、TV番組の制作、ベジタリアン料理を作る、オープンウォータースイミング(川、湖、海など自然の中で行われる水泳競技)にチャレンジするなど、なんでもいい。

10 コミュニティ(Community)

幸運にも、それでもまだ時間が残っていたら、私が参加しているコミュニティに奉仕する時間に充てるだろう。

グーグルのヨガクラスで教えたり、自宅に友人を招いてお茶やディナーをご馳走したり、「バーニングマン」コミュニティのためにアートプロジェクトを企画したり。

つまり、コミュニティ活動、自分のエネルギーを外側（社会）で使うのだ。まだコミュニティがないようなら、教会での奉仕活動や子どもの学校でのボランティアなどといった活動に参加することもいいが、長年、音信不通だった友人に電話を掛けたり、周りの人に親切にしてみたりなど、自分以外の人に心を向け、行動してはどうだろう。これが縁で、連帯意識が生まれ、コミュニティになるかもしれない。

私は自分の潜在的なエネルギーを最大限に引き出す方法で、この「10のリスト」を決めた。

この10の軸を日々の生活に組み込んだことで、その時々で自分にとって何が大事なのか悩んだり、無駄に迷ったりする時間が減り、集中力や達成感が増した。

さらに、自分はこれからどう生きていきたいのか、人生の最優先事項が具体的に整理された。

ほかにも、時間をより意識できるようになったことで、得たことがたくさんある。

あなたには、あなたの優先すべき10項目があるだろう。

いますぐ、それを整理することだ。

10リストを作ったら、早速リストに従って行動を始めてみよう。

24時間を意識的に使えるようになると、肉体的なエネルギーが生まれ、よりパフォーマンスのレベルが上がり、生産性も向上する。

どの項目を、どのくらいの時間枠にするか、あなたが集中すべき項目をどのように考えるか、自分のライフスタイルに合わせて決めてほしい。

最も重要なことは、より大きな喜びと生きがいのある人生を送ることだ。

アウトソーシングを活用しよう

地球上には、完璧に平等なものがいくつか存在する。

たとえば、誕生や死といったことだ。

さらに人は皆、1日に24時間という時間を与えられている。アメリカ合衆国の大統領にも、私やあなたにも24時間が与えられている。

しかし、ライフスタイルは多様化し、仕事も忙しく、日々のスケジュールのやりくりも厳しく、24時間のうちにやりたいことすべてをこなすのが困難になっている。

がむしゃらに忙しい生活を送り、スケジュールに支配されながら、次から次へとよろめくように行ったり来たりしている人も多いのではないだろうか。

私もそうだった。

自分の生活が狂ったように忙しくなり、キャッチしたボールを右へ左へと取りこぼすようになっていたとき、偶然、自分の物の見方を一変させるある考え方に出会った。

それは、A・J・ジェイコブズ（米国のジャーナリスト）が『Esquire（エスクァイア）』に寄稿した「My Outsourced Life（私の生活アウトソーシング）」という記事だった。

「企業は仕事をアウトソーシング（外注）する。ならば、個人がアウトソーシングしてもいいのでは？」と彼は指摘していたのだ。

私はこの記事を読んで、自由資本主義的な市場経済において時間を「買い」、その結果1日の時間を28時間、32時間、36時間と増やしていくことができるということに気づいたのだ。

以前、ベストセラー『「週4時間」だけ働く。』（青志社）の著者、ティモシー・フェリスがグーグルで講演した際、私は彼の話に大いに刺激を受けた。

彼の説得力のあるロジックはこうだ。

あなたの年収をアメリカ人の年平均仕事時間である2000時間で割る。そこから算出された数字が、あなたの報酬をベースとした1時間あたりの経済的価値になる。

たとえば、現在の時給が40ドルだとしよう。

しかも、あなたには今、終わらせなければならない仕事があり、それが自分の専門外だったり、情熱がわかないものだったりする。もし、誰かほかの人が、あなたよりも少ない時給で（この例だと40ドル未満で）その仕事をできるとしたら、あなたはその人に仕事を委託することを検討できるというわけだ。

もしくは、庭にデッキを作ったり、家の壁をペイントしたりしたいと考えていたとしよう。

こうした仕事は自分のスキルセット（その人が本来持っている技術や技能の組み合わせ）ではないため、プロの2倍の時間はかかり、仕上がりもプロ並みとはいかない。仕上がりにこだわるのであれば、それだけでアウトソーシングすることに意味があるうえに、時間も浮くというメリットも生まれる。浮いた時間を使って、自分を充電するための瞑想や作業に集中することができるだろう。

実際、私たちは皆、思っている以上に、多くのことを誰かにアウトソーシングしている。

たとえば祖父母たちの時代は皆、自分たちの手で育て、収穫し、調理したものを食べていた。地元の店で調達する、ごく一部の生活必需品を除き、ほぼ自分の畑で採れたものばかりだった。

だが現在、自分も含め周りの友人たちの生活を見てみると、食糧自給率はゼロに等しい。私の場合、しょっちゅう家を空けているし、料理もほとんどしない。もし、食べ物を自分で育て、収穫し、調理しなければならないとしたら、3日で死んでしまうだろう。

フェリスの話を聞いて、私はアウトソーシングという考え方をもっとよく調べてみることに決めた。さっそく、彼が書いた本を読み、それに従い、彼のアイデアに私自身のアイデアを加え、いくつか実践し、アウトソーシングを取り入れてみた。

たとえば、私には、バーチャルアシスタントサービス「GetFriday」を通じてインドに秘書がいる。秘書のニーシャはバンガロールにいるが、電話やウェブでできることはなんでも対応してくれる。

数年前、私の車が車上荒らしに遭い、ナビが盗まれたことがあった。ニーシャは業者に依頼してサンフランシスコのベイエリアにある私のオフィスまで車のガラスを交換しに来てもらえるよう手配し、しかも新しいナビをウェブで発注してくれた。

もしもこれらの手配を自分でやっていたら、45分はかかっていただろう。平日にそれだけの時間を見つけるのは難しい。つまり、秘書がいなければ、車のウィンドウを修理することも、ナビを付け替えることもできず、何週間もそのままで運転する羽目になっていただろう。

また、私の自宅オフィスで秘書を務めているシルビアとアザは、カオスを整理する天才たちだ。

仕事柄、移動が多く、私の部屋は常にひどいありさまである。それこそ、机やキッチンのカウンター、果てはダイニングテーブルの上まで、書類や郵便物、写真、ギフト、請求書で埋め尽くされているのだが、それを月に1、2度、片づけてくれる。私も一緒にやるのだが、彼女たちの働きは素晴らしく、たったの2時間ですっきり。物が散らかった場所は、精神的エネルギーの消耗も大きい。彼女たちの力を借りることで、仕事に使える場所にできるのだ。

2週間先には再び物が積み上がっているわけだが——。

彼女たちの収納システムのおかげで、今ではセザリア・エヴォラのCDも、2年前に購入したオーディオシステムを保証修理に出すとき必要なレシートもすぐに見つかる。本当に快適だ。

さらに、以前に比べて失敗をしなくなった。

こんなことがあった。私がコペンハーゲンでの講演から戻った日、車のバッテリーが上がって、カーステレオの盗難防止機能が作動してしまった。ステレオを機能する状態に戻すため、車でディーラーに向かったのだが、そこで暗証番号を聞かれた。

私はそれをメーカーからもらった名刺か何かに書き記しておいたはずなのだが、いったいどこにしまったかが思い出せず、車のグローブボックスやら財布の中やらを調べたが見つからない。結局、車で音楽を聴くために、300ドル払って新品を買う羽目になってしまった。このときの気まずさは今も覚えている。

それから1年後、シルビアの力を借りて収納システムを導入したときに積み上がった書類の山から、暗証番号がメモされているメーカーの名刺が奇跡的に見つかった。

今では、そのカードは「車」というラベルでファイリングされ、簡単に取り出せるようになっているため、困ることはない。

昨今、グローバリゼーションやテクノロジー、そして新しいビジネスモデルが登場したおかげで、ニーシャたちのような代行サービスを予想よりもずっと安く利用することができる。

私にとって、アウトソーシングとは、受信トレイを整理することに似ている。後で処理するものはファイルし、一部は削除し、自分にとっていちばん重要なもの、いちばん効率よく処理できるものに絞る。

必ずしもそれが仕事である必要はない。

たとえば私は、インドでヨガの講師になろうと修行を始めて以来、無料でヨガのレッスンを行っている。これは、私が世界に贈るギフトだ。

その週に2時間、ヨガを教えるための時間を確保できているのも、アウトソーシングのおかげだ。

自分の情熱やスキルセットに見合わないタスクを、意識的に誰かに依頼することで、その時間を自分にとって不可欠なことに使うほうがずっといい。

もし、その2時間にウェブサイトを自分で管理しようとしたら大変なことだろう。自分の情熱に浸り、自分のギフトを贈る。この2つができるおかげで今の私がある。自分以外の人たちにも、それが大いなる喜びになることを願っている。

自分自身の理解者になる

フェイスブックで友達が何人できた、ツイッターでフォロワーが何人いる、そんなことを自慢し合う人々がいる。

ソーシャルネットワーク技術のおかげで、私たちは世界中の人々といとも簡単に交流することができる。それ自体はとても素晴らしい。知り合いになりたい人や自分たちのビジネスネットワークに引き入れたい人がいたら、インターネットでその人の名前で検索し、連絡をとればよいのだから。

たとえば私は、「Google+」だけで2万人以上のフォロワーがいる。

しかしながら、友達はそのうちのごく一部。後はほとんど知らない人ばかりだ。おそらく彼らも私のことをさほど知っているわけではないだろう。

それでも、「ハフィントンポスト」*のウェブサイトにブログを投稿し、す

＊ハフィントンポスト
The Huffington Post は、2005 年にアメリカで創設された世界最大級のソーシャル系ニュースサイト。創設者はアリアナ・ハフィントン。各種ニュースメディアや著名ブロガーが幅広いテーマで寄稿している。

べてのフォロワーにそのことを告知すると、そのブログはたちまち2万人のフォロワーに配信される。私はそれを彼らに読んでもらうようお願いすることもできるし、実際、彼らの多くがそうしてくれている。

10年前には考えられなかった状況だ。

2万人の人たちに手紙を書いて送ることはできなくても、ほんのわずかなキー入力で短くメッセージを作成し、一度の送信で全員にそのメッセージを送ることができる。

さらに理論上は、この2万人の人たち全員が、私宛てにメールを送ることができる。私はよく地球上には推定で70億台の携帯電話があるという話をする。世界の人口は72億人だ。つまり、携帯電話を持っていれば、常に70億人のうちの誰かとつながりあえるかもしれない。

それは驚くべきことだ。

しかし一方で、現在のようにソーシャルな関わりが執拗《しつよう》に求められ、インターネットでつながるのが当たり前の環境にいる私たちは、ともすれば、他人の生活リズムや他人の興味に巻き込まれ、自分を見失いがちだ。

正直に言うと、私も巻き込まれている。

たとえば、こんな具合だ。

1通のメールを送ろうと送信ボタンをクリックした。

すると同時に1件の通知が来た。バリ島で休暇を過ごしている友人が写真をSNSに投稿したのだ。またすぐに通知が来た。その写真に対するコメントがアップされた知らせだ。「素晴らしい。ペシンガハン（Pesinggahan）のムルタ・サリ（インドネシアの郷土料理）レストランもオススメよ」。すると、またほかの人がその会話に加わり、話がどんどん広がっていく。

「私がいちばん覚えているのは、バリスピリット・フェスティバルだわ」

「僕もだよ。ファンタスティックな音楽とダンスはすごかったよね」

「であれば、この動画がオススメだよ」

その手の音楽やダンスに興味がある私は、思わず動画をクリックした。そのとたん、私は動画に引き込まれてしまう。つまり、SNSにとらわれてしまっている。

1件のメールに返信しようとログインしただけなのに、結局、数十分ネットに時間を費やしているのだから。

同じような経験がある人も多いのではないだろうか。

最初は1つのことをするつもりが、いつの間にか別のことに気を取られている。それは仕方のないことだ。

人間の心は、サルみたいなものだ。

何かをしている最中であっても、途中で光る物を見るとそちらに気を取られてしまう習性がある。好奇心が旺盛であるともいえる。

人間である以上、気が散るのは仕方のないことだ。

ソーシャルメディアはそんな人間の性質をうまく使っている。

招待への返信、近況アップデートの確認、メッセージのチェック、コメントへの「いいね!」など。次から次へと気をとられているうちに、気がつくと随分な時間が経っている。

これはなにもソーシャルメディアだけの話ではない。

日々の生活の中で忙しく過ごしているうちに、余裕を失い、いつの間にか自分自身のことを顧みなくなっている。

そんな時だからこそ、私たちは自分の置かれている状況から一歩離れてみることが必要だ。

友人のカーリ・ウィドマイヤーは、ときどき電子機器から離れている。

仕事から帰宅すると、すべての電子機器、ノートＰＣ、携帯電話といった通信機能がある機器の電源を落とし、車庫に止めている車のトランクにしまい込む。差し迫った問題が起きたら、車のトランクを開けて対応し、緊急な用事がないときは、朝のトレーニングを終えるまでそのままにしておく。

ここまでやらなくても、少しレベルを落としたやり方で電子機器から離れることは可能だ。

たとえば、こんな風に自分と約束する。

どのソーシャルメディアも200人以上とつながりを持たない。

ソーシャルメディアを見るのは、1日1時間だけにする。

プッシュ機能を全面的にオフにする（自分のアカウントでログインしたときだけ、アクティビティを確認できるようになる）。

テクノロジーのある場所からしばらくの間、立ち去るという方法もある。大事なことは、離れている間は、他人の生活リズムから自分を切り離し、自分の生活リズムで行動することだ。

大自然の中にある心落ち着く楽園のようなリトリート施設にチェックインするのもいいし、自分の身体の感覚をつかんだり、気の流れに意識を向けたり、サイクリングやウォーキングに出かけたり、ヨガクラスに行き、座って瞑想したり、何か自分が元気になれることをやってみよう（私の場合は、カップ1杯のスパイスの利いたミルク入りのマサラチャイだ）。

あらゆる外的なつながりに背を向けて、心の奥深くにある内的なつながりに集中するための時間にできるなら、どんなことでもいい。

そして、自分について知ることだ。

私たちにとっていちばん大切なのは、自分自身とのつながりだ。そのことを覚えておいてほしい。

ソーシャルメディアがもたらす外部とのつながりには大きな可能性が秘められている。そこにヒントを得て、同じように自分の内部につなぐことで、何か、新しい可能性が見つかるかもしれない。

自分と仲良くなり、あなたの心のツイートに耳を傾け、あなたの体の近況アップデートに意識を向ける。そして、あなたの脳が発した緊急のチャットリクエストに応答する。老子は『道徳経《どうとくきょう》』の中で、「人を知る者は智なり、自ら知る者は明なり」*と述べている。

他（人）のことばかりに気を回すだけでは、何も生まれない。

自分のことを知って初めて、未来が開けるのだ。

*「智」は知恵、「明」は物事を見分ける力のこと。

最適化されたシステムは、コンピューターの動作効率を最大限に引き上げ、あらゆるタスクを同時並行かつシームレスに処理する。

人も同じだ。目的に対して事前準備しておくと、より効率的に、最大の効果を上げることができる。それは決して、書類の準備、事前調査などの話ではない。

人という存在を、複数の機能が相互に依存しあう、不可解で超自然的な集合体として捉えてほしい。

つまり、最高のパフォーマンスを上げることができるかどうかは、脳、心、体をトレーニングや習慣によって整え、日々の活動を最適化できるかどうかにかかっているということだ。

精神や肉体、感情、知性のあらゆるレベルで最高の能力、パフォーマンス、生産性を発揮できるようになるには訓練、そして努力が必要だ。マルコム・グラッドウェル（イギリス生まれのジャーナリスト）は自著『天才！ 成功する人々の法則』（講談社）の中で、そういった努力について考察している。

彼は1つの技術を習得するまでにかかる練習時間のことを「1万時間の法則」と呼んでおり、ビートルズやビル・ゲイツといった天才たちの成功には、少なくとも1万時間に及ぶ努力があった、としている。

そういえば、ヨーヨー・マ（中国系アメリカ人の世界的チェリスト）も1万時間、人知れず地下室でチェロを練習し続けたというエピソードを聞いたことがある。

天才と呼ばれる人たちも、その才能を開花させるまでに、長いハードワークを行ってきて、そして今も、自身の最適化を常に行っているということだ。

つまり意識して、最適化を定期的に行うことによって、最強のパフォーマンスを持続することができるのである。

言葉に秘められた力

夜中の2時に突然電話が鳴ったら、どんなことが頭をよぎるだろうか。大抵の人は悪い知らせだと思うのではないだろうか。

私も電話のベルの音に気づき、時計を見たとき、悪い知らせだと思い、あわてて受話器を取った。

電話の主は、10年前に会ったきりの友人のバブ・ラマチャンドランだった。彼は有名な医師になり、勤務先の中東のバーレーンから電話してきたのだ。

私たちは再会の場所をマスコット・ホテルに決めた。高校生だった頃、そこは贅沢の象徴のような場所だった。西欧の旅行者や大都市の企業経営者たち。私たちは自転車でそのホテルの前を通り過ぎては、羨望《せんぼう》のまなざしで庭園を覗《のぞ》いていたものだ。

守衛が立つゲート奥の庭には、ターバンを頭に巻いているウェイターたち。マハラジャが住む屋敷のようなゴージャスな雰囲気。その当時の私たちは、わざわざあんな馬鹿げた格好をしなくても……、と思っていた。しかし今、せっかく世界を股にかけて仕事をする大人になったのだから、堂々と足を踏み入れて、1日くらいマハラジャ気分を味わってもいいだろう。そう思ったのだ。

そんなわけで私たちはホテルで会い、子どもの頃の夢や人生で学んだ教訓について語り合った。

会ってから3時間くらい経った頃だろうか、バブが心の内を話し始めた。

「ゴーピ、私は医者として、一度の診察で診ることができるのは、せいぜい1人だ。実は、もしかしたら、既に病気になってしまった数名の患者を治療するのではなく、より大勢の人々に健康に過ごすための方法を教えたほうが、もっと大きな影響を与えられるのではと感じているんだ。

だが私は、人前で話すタイプではないし、壇上に立って聴衆をリードするのが怖い。壁にぶち当たっているんだ――」

そう言って、口をつぐんでしまった。

私もしばらく黙っていたが、次のように切り出した。

「バブ、君がYMCAでやっていた高校のスピーチサークルのことを覚えているかい？　僕たちが初めて出会った場所だ。僕はスピーチのときに一言二言しか言葉が出て来なくて、顔がビール色になった（我々インド人は、顔が「赤く」なることはない）。それで、恥ずかしくなって座り込んでしまっただろう。そんな僕だったけれど、実は去年、パブリック・スピーキングの世界大会で準決勝に進出できたと言ったら信じてもらえるだろうか？」

バブの驚いた顔といったら！

まるでたった今、ケーララのゾウがマスコット・ホテルの庭に入って来て、ターバン姿のウェイターにマサラチャイをオーダーしているのを見たかのような困惑ぶりだった。

私は続けた。

「バブ、君はトーストマスターズのことは聞いたことがあるかい？」

「トースト・マスターズ？　お酒を飲むクラブのように聞こえるが」

「スピーチが苦手な人向けのアルコホーリクス・アノニマス*みたいなものなんだ。君も行ってみるといい。人生が変わるから」

グーグルで調べてみると、バーレーンにもトースト・マスターズがあることがわかったため、私はバブに、そこを訪ねてみたら、と付け加えた。

その後、私たちはお互いに忙しくなり、バブからも知らせはなかった。


それから4年以上が経ったある日、またもや深夜2時に自宅の電話が鳴った。悪い知らせだったらどうしよう？　びくびくしながら受話器を取った。

「もしもし、どなたですか？　何か大変なことでも？」

「やあ、ゴーピ！」明るい声がした。「僕だよ、ドクター・バブだ。カリフォルニアの天気はどう？　実はちょっとだけ、君に聞きたいことがある。ネバ

*アルコホーリクス・アノニマス
1935年に米国で始まった飲酒をやめたい人の互助グループのこと。

ダ州のリノは君の家から近いかい？」

もし、この電話が棍《こん》棒だったら、ヤツを殴ってやるところだった。繰り返すが、深夜2時なのだ。

「ああ。すぐ近くだ。なぜ、そんなことを？　それも深夜2時に？」私はそう答えた。

「いやあ、申し訳ない。時差の計算を間違えていたよ。実は、トースト・マスターズの世界大会がリノであるんだ。君にも来てほしいと思って」

すっかり不機嫌になった私に気づかず、バブは、ひたすら話し続けた。

前回再会した後、バブはバーレーンに戻り、私のアドバイスに従ってトースト・マスターズに入会。プログラムを一通り終了し、極めて高い習熟度に到達し（パブリック・スピーキングの世界では、いわゆる黒帯のようなもの）、国際大会にエントリーして、見事優勝を果たしたのだという。

4年前の私からのささやかな提案が、彼の人生に大きな影響を及ぼした。だからこそ、彼はその成果を一緒にわかち合いたいと連絡をしてきたのだ。

リノに向かった私は、表彰式のステージに立つババブの姿を見て、心が高鳴った。もちろん、彼自身誇らしい気持ちでいっぱいだろう。でも、この会場にいる人の中で、いちばん自慢げなのは、この私だったはずだ。

それまで一度もパブリック・スピーキングの経験がなく、しかも母国語ではない第2外国語の英語を使って、その世界を究めた男が私の友人なのだから。

「私の人生は見違えるほど変わったよ。君のおかげさ」

ババブから言われたとき、おそらく私は最高に誇らしげな顔をしていたことだろう。

私たちは言葉の持つ力がどの程度の影響を及ぼすものなのか、きちんと理解できているかと聞かれると、まだまだ足りないように感じる。

もちろん、イエス・キリストや仏陀、ガンジー、そしてマンデラの言葉は、無数の人々の人生を変え、世の中を解放し、歴史の流れを変えてきた。

ガンジーは当時のイギリス国民に向けてこんなことを言っている。

「『目には目を』では世界を盲目にするだけだ」

その言葉は人々の心を動かし、「非暴力」という、より穏健的な社会変革の道へと導いてくれた。

マーティン・ルーサー・キング・ジュニアの「私には夢がある」というスピーチは、あらゆる人々に世の中の不条理を気づかせ、平和的変更によってそれを正す機運をもたらした。

言葉の力は、なかなか意識することは難しい。

なぜなら、同じ言葉であっても相手によって影響力は変わるからだ。

私がドクター・バブに言った言葉のように、相手の立場に立って選んだ言葉でさえあれば、誰かを励ましたり、勇気づけたりすることができるだろう。

相手にかける言葉は、思いやりを持って選ぶ。それは、ドクター・バブが私に教えてくれたことだ。

また、相手の相談に乗っている場合、それは特に大切だ。あなたからかける言葉は、いずれその人の人生に影響を及ぼすかもしれない。

さほどメッセージ性のない会話であっても、1語1語の並びにもよるが、話し方や口調次第で相手に強い印象を残すこともある。また、意図せず相手を傷つけたり、侮辱したりすることも、あるいは元気づけたり、刺激を与えたりすることもある。

言葉は、人というシステム全体に影響を及ぼす信号だ。だからこそ、言葉は思いやりを持って選ぶ必要がある。

会話をするときは、いつもそのことを頭の片隅に置いておくことを忘れずにいてほしい。

プラクティカルに考える

私はプラクティカルなベジタリアン（実践的な菜食主義者）だ。

ベジタリアンという呼び方は既に主流ではなくなり、今や菜食主義にも様々な流派が存在する。ビーガン（動物性食品を一切摂取しない完全菜食主義者）、ペスクタリアン（動物の肉を食べないが、魚介類を食べる菜食主義者）、ローフード（食材を加工せず生で食べることにより植物の酵素や栄養素を効果的に摂取する食事法）、ラクト・オボ・ベジタリアン（肉類と魚介類は食べないが、乳製品と卵は食べる菜食主義者）など。

だから私も1つ、新しいカテゴリを作ってみた。それが、「プラクティカルなベジタリアン」である。

「プラクティカルなベジタリアン」は、選択が可能なときは極力、野菜中心の食事をとり、選択が難しいときは実際に手に入る食材なら何でも食べ、感謝しながら口にするのが流儀だ。厳格なベジタリアンと比べると、だいぶやさしいかもしれない。

私がインド出身だから、もともとベジタリアン[*1]だったと思われることが少なくないのだが、実は、インドで暮らしていたときは肉を食べていた。ベジタリアンになったのはアメリカに来てからだ。敢えて「プラクティカルなベジタリアン」となったのには、理由がある。

1つは、年齢を重ね、意識が変わり、野菜中心の食生活の素晴らしさを理解できるようになったことだ。ガブリエル・ガルシア＝マルケス[*2]が『コレラの時代の愛』[*3]（新潮社）で「何ごとにしてもそうだとわかった時点ではすでに手遅れなのだ」と書いていたが、まさにその通り。人生の知恵を理解できるようになるには時間がかかるのだ。

いや、正直に言おう。

＊1　インド人の6割程度がベジタリアンだと言われている（厳格なヒンドゥー教徒は一切の肉を食べないことなどから、肉を食べる習慣があまりない）。

＊2　コロンビアの作家・小説家。1982年にノーベル文学賞を受賞。

＊3　原題『El amor en los tiempos del cólera』

実は、女優のアリシア・シルヴァーストーンがグーグルで講演したことがきっかけとなった。彼女は自著『The Kind Diet』*に基づいて、野菜中心の食事にするメリット、たとえば、肌がきれいになったり、活力が湧いたり、消化がよくなったり、体重管理が楽になったり……などについて話してくれたのだ。

これらもとても魅力的ではあるが、それ以上に強く印象を受けたことがあった。それは、野菜中心の食事を増やすことで地球にどのようなよい影響があり、反対に動物性たんぱくを中心にすると地球にどのような悪影響を及ぼすかというものだ。畜産業は、環境にダメージを与える最大の要因の1つに挙げられている。大気や水を汚染し、土地を劣化させ、さらには気候変動や生物多様性の喪失につながるという。

ベジタリアンであることのほうが、自分にとっては自然だ、そう思った。

だがしかし、常に世界中を飛び回るハイテク産業のプロフェッショナルであり、地球に暮らす一市民の私にとって食事は死活問題だ。この数年で私が

＊『The Kind Diet − A Simple Guide to Feeling Great,Losing Weight,and Saving the Planet（やさしいダイエット：気持ちがよくて、スリムになって、地球も救えるシンプルな方法）』。

旅したのは44か国。アイスランド、モンゴル、バーレーンなど、どれも遠く離れた国ばかりだ。モンゴルの首都ウランバートルは、どこのレストランに行ってもメニューに載っている料理はただ一つ、茹でた羊肉だけと言ってもいいくらいだし、ブエノスアイレスでは、牛ひき肉を包んだエンパナーダを10年ぶりに会った人の手料理でごちそうになり、ニューヨークで終日会合があった日の帰りの機内で、空腹で疲れ切っている私の前に出されたのはターキーサンドイッチだけ。こういうことはめずらしくない。

生きるためには、目の前の食事をありがたくいただく。だから私は、プラクティカルなベジタリアンを選んだ。

以下は、プラクティカルなベジタリアンになるためのヒントだ。

1 野菜中心の食事をする

あなたに選択肢が与えられているなら、極力、野菜を選ぶことが望ましい。食材はなるべく自然のままの状態でいただく。もし、皿の上にニンジンやナス、豆などが彩りよく盛られていたら言うことなしだ。それが加熱済みのものや加工食品でないなら、ダイエット食としては最高だ。

うれしいことに、グーグルでは、キャンパス内のカフェに行くと、シェフが野菜中心の料理をいろいろと用意し、自由に選べるようになっている。食材は主にキャンパスから150マイル（約240キロメートル）圏内で収穫されたもので、ときにはキャンパス内で栽培されたものも使われている。

2 彩りを華やかにする

自然というものは実によくできていて、食べ物の良し悪しが目で見分けられるようになっている。緑や赤、ピンクや紫といった天然色で彩られた料理は、見た目にもおいしそうに見える。

しかも、見た目が美しい料理は、必要な栄養素がバランスよく組み合わされた健康的な食べ物である可能性も高い。

3 無意識に選んだり食べたりしない

食材を皿に盛るときは気持ちをそこに集中する。自分がどの野菜、どの果物を選ぼうとしているかをしっかり意識し、食べ物を体の中に取り込み、味わうとき、どのくらいの量が必要か、あるいはどのくらいに抑えるべきかを考えながら選び、そして食べることが大切だ。

また、あなたが口にする食べ物の味や舌触り、香りを感じ、しゃきしゃきしたレタスや瑞々《みずみず》しいニンジン、甘いぶどうなどの中に詰まっている自然の恵みと生命力を感じることだ。

4 感謝しながら食べる

どんな料理も、あなたの目の前にやって来るまでに約60人の人たちが関わっている。その人たちは決して会うことのない人たちだ。作物を植えた人、肥料を与えた人、収穫した人、運んだ人、刻《きざ》んだ人、料理した人たちなど、その大半は、私よりもきつい仕事に精を出している人たちだ。しかも、私には到底できない大変な仕事だ。あなたはどうかわからないが、自給自足力のない私たちは、こういうスキルを持つ人たちがいなければ、飢え死にしてしまうかもしれない。だからこそ、その人たちに対し、しっかり感謝しながらいただくことを大切にしよう。

5 実践的に考える

常にあなたにとって最適な食事を選ぶことができるとは限らない。野菜中心の食事が選べないこともあるだろう。そんなときは、実践的に考えることだ。たとえば私は、自分の中で、ベジタリアンである確率は96パーセントで十分としている。だから、肉を食べることだってある。でもそれでいいのだ。

何かを選択したとき、多くの人がそのことに縛られている。

しかし、大事なのは意識することであり、完遂することではない。

あなたにとって、大事なことを見失わないことだ。

ティー・バス

私たちは日々、物事を選択している。

そしてその選択は、周りの人にも影響を与える可能性がある。

言い換えると、どのような影響を与えたいかも、自分で選択できる。相手を温かく歓迎し親切にするのも、冷たく無関心で無愛想になるのも自由だ。

つい先日、私は友人のジョーダンとキャシーをサンフランシスコに招待した。2人が来てくれたことがあまりにうれしくて、私はつい「わが愛の街にようこそ！」と声をかけ、歓迎した。他では味わえない素晴らしい時を過ごしてもらいたかったからだ。

私たちはしゃれたレストランに行き、フィルモア（1912年創業のライブハウス）のコンサートに出かけた後、夜はのんびり過ごそうとラウンジに入ることにした。

するとと入り口のドアのところで、店のマネージャーが私たちを制止した。

「ダメ、ダメ。入れません。閉店の時間です」

「閉店時間まであと20分あるでしょう？　それに、お客さんもいるじゃない」

「サービスは終了しました。今すぐお帰りください」

無表情な顔で、とりつく島もない。

私は、あまりの態度にムッとして、そこに立ち尽くした。

「このマネージャーは、なぜいかにも不愉快そうにしたのだろう？」

そして、こうも思った。

「ジョーダンとキャシーもきっとこう思ったはずだ。『これがあなたの言う愛の街？』ってね」

正直に言うと腹も立っていた。だから、立ち去ることもできなかったのだ。

そこへ突然、知らない人がやって来て、馴れ馴れしく声をかけてきた。

「なあ、あんたたち！　温まってくつろげるところでも探しているのか？　この先にティー・バスがあるから、そこで休んだらいいよ」

酔っぱらっているのか、ろれつが回っていない。おまけに「ティー・バス」なんて言葉、初めて聞いた。いったい何のことだろう？

しかし、いつまでもここにいても仕方がない。開き直った私は、「ティー・バスとやらを探してみよう」と、友人たちに言うなり、返事も待たずに歩き出した。

きっと、ジョーダンとキャシーは内心、こんな風に思っていただろう。

「冗談じゃないわ。バスを探すためにサンフランシスコ中を連れまわすつもり？　酔っ払いに言われたからって、そこまでしなくても！」

実は、少しでも早くあの場を離れたくて適当に歩き出してしまったのだが、運のいいことに、すぐ先の曲がり角に暖かそうな光を放つ白いバスが止まっているのが見えた。楽しそうな笑い声も聞こえる。

近づいてみるとそのバスは、スクールバスを改造した寸詰まりな感じの車で、大きなルーフラックを乗せ、サイドミラーが耳のように突き出ている、なんとも不思議な形をしていた。中をのぞくと、幸せそうな人たちが輪になって座り、紅茶を飲みながら陽気に語り合っていた。その真ん中に立っていた、これまで見たこともないやさしい天使のような表情を浮かべた若者が声をかけてきた。

「こんにちは、僕はジョゼフィです。さあ、一緒にお茶をどうぞ。温かくてすっきりとしたお茶が無料で飲めますよ！」

彼は「ティー・ヒッピー」と呼ばれているという。

「やあ、ティー・ヒッピー。私はティー・ゴーピ。こちらはティー・ジョーダンにティー・キャシーだ」

私が3人の名前を紹介している間に、キャシーはうれしそうにバスに乗り込み、濃い紫色のクッションが敷かれた木製のベンチに腰を下ろした。床は木のフローリングで、薪ストーブまである。

「なんて素敵なの！　うちの近所に、こんな経験ができる場所はないわ」と言うキャシーに、ティー・ゴーピは、得意げに胸を張ってこう言った。

「ジョーダンにキャシー。今宵はサンフランシスコ、愛の街にようこそ！」

そして、ティー・ヒッピーから手渡された紅茶を飲んだ。彼の言う通り、温かくて、すっきりした後味だった。私は彼に尋ねた。

「ティー・ヒッピーさん、君にはどんな話があるんだい？」

彼は静かな笑みを浮かべながら、話し始めた。

「数年前に、自分の人生に幻滅した。何かを変えなきゃと思って、紅茶をポットに入れ、トラックで運ぶようになった。そして、近所の賑やかな場所にトラックを止めて、一息つきたい人にお茶を振る舞ったり、ちょうどそこで見かけた人に話しかけたりして日々を過ごしていた。

話しているときは、誰もが互いに親しみを感じていた。日本人の旅行者であれ、タトゥーを入れたギャングであれ、店の主人であれ。温かい紅茶を一緒に飲みながら、同じ人間として、心がつながり合っていた。

そんな光景を見る中で、僕ができる僕なりの小さな親切を実践しようという気持ちになって、今こうしているんだ」

そして、こんな話をしてくれた。

あるとき、彼の元に白いバスがやって来た。バスの名前はエドナ。内装はすべてダグラスファー*の再生材を使い、太陽光発電システムも給水設備もある。その日から、ティー・ヒッピーは、トラックではなくこの白いバスで人々に紅茶を振る舞い続けた。

その後も、資金はスポンサーからの支援や有志から寄付があったり、ボランティアを申し出た人たちが自分たちの手持ちや自腹で調達したものを持ち寄ってくれたりということが続いたという。

「僕が一人ひとりに温かい紅茶を1杯差し出すだけで、世の中に影響を与えられることがわかったんだ」と、ジョゼフィ。

既に気づいている人もいるかもしれないが、彼が提供していたもの。それ

＊ダグラスファー
別名アメリカトガサワラ。ログハウスなどの建材に使われる。

は紅茶だけでなく、仲間と出会って会話を楽しむコミュニティだったのだ。

そして、この無料のティーサービスは、「ギフト経済」、商品やサービスを、相手からの見返りを求めずに提供できるという考え方の完璧な事例だ。

つまり、彼のいう「小さな親切」「ささやかなこと」で経済が動き、人が動いているということである。見返りもなしに、だ。


日々の行動について、真価を問われる瞬間がある。

選択したことが、誰かの人生に触れる機会もある。

それは、正しいとか正しくないとか、そういう基準ではない。

ラウンジのマネージャーは無愛想だった。酔っ払いは親切だった。ティー・ヒッピーは歓迎してくれた。そして、私は感謝した。

それ以上でもそれ以下でもない。


いつ、どの瞬間にも、次に何をするかはあなた次第だ。

高速道路で目の前に別の車が割り込んできたら、あなたはその車に向かって指さすことも、陽気に手を振ることもできる。

あなたなら、どっちを選択するだろうか？

「今」「ここ」に集中するマインドフルネス

私の記憶に残っている最初のスピリチュアルな儀式は、祖母の家で行われていた夕方の祈りだ。

チッティラムチェリの農村にあったその家で、祖母と曾祖母が日の沈む神聖な時間にオイルランプに火を灯し、それを外に通じる戸口から戸口へと運んで、家の前の一段高い祭壇に植えられているホーリーバジル*の木に向かってランプの火を揺らす。それが終わると、彼女たちは草で編んだマットの上に座り、1時間キルタンを歌う。街から何マイルも離れたこのあたりは、行き交う人もなければ車も通らない。冷蔵庫や電子レンジも、食器洗浄機もなく、機械化された音は一切しない。あるのはチャント（祈りを唱和すること）の声だけだ。

＊ホーリーバジル
芳香のあるシソ科植物で、インドでは儀式で日常的に使われる。

このとき5歳だった私は、祖母の膝の上に座り、聞き慣れたマラヤーラム語とサンスクリット語のチャントのリズムに浸っているうちに、不思議と心が軽くなってきた。

私はよく、自分は「卵巣のくじ（ovarian lottery）」*に当たって幸運だと話す。私の故郷では、昔から瞑想やマインドフルネスが日常生活の一部として行われてきた。これらは、インドの文化やスピリチュアルな伝統の中で生まれ培われてきた。重要な部分を占めていると言ってもいいだろう。私にとっても、瞑想やマインドフルネスは、あるべきものだ。そんな環境に生まれ育つことができて、私はとても幸せだ。そういう意味で使っている。

最近、瞑想やマインドフルネスに対する関心が高まっている。それはとても喜ばしいことだ。

インドでは、瞑想は心に浮かぶ思考や物理的な世界という幻影から離れ、神の本質に近づくために行い、マインドフルネスは、マインドフルな状態に

*卵巣のくじ（ovarian lottery）
著名投資家ウォーレン・バフェットの言葉。「成功は遺伝的資質で決まる」という意味。

常に身を置くために行う。マインドフルな状態とは、「今」というほんの短い時間、あなたが関わっている行動や体験、つまり「ここ」に全身全霊を捧げることだ。

言い方を変えてみよう。

マインドフルネス瞑想は、たとえば自転車レースのために身体を鍛えながら精神を鍛えることだ。もう少し具体的に言うと、身体的持久力を高めると同時に感情的知性を磨き、さらに認知機能や思考の明晰性、集中力を高めることだ。

マインドフルネス瞑想は、この20年間の研究によって科学的に実証された様々なメリットが見い出されたことで、ＩＴやビジネス分野に携わる人々から注目を集めるようになった。

瞑想が高血圧を改善し、血糖値やコレステロールの上昇を抑えることも、不安を軽減し、ヒーリング効果を高め、大脳皮質の発達につながることもわかっている。大脳皮質は注意力、感覚処理、記憶、認識、さらには痛覚閾値《つうかくいきち》（人が痛みを感じるときの刺激のこと）などの高次機能に関与している。

研究はさらに形を変えて行われ続けている。

たとえば、最も才能溢れる科学者たちが、同じように才能ある瞑想の第一人者と手を組み、研究に取り組んでいる。僧侶のジョン・カバット・ジン[*1]、マチウ・リカール[*2]、ヨンゲイ・ミンゲール・リンポチェ[*3]らが有名だ。彼らは、これまで実体のないものとされてきた事象に対して、確かな証拠を提示しようとしている。どんな結果が出るのか、非常に楽しみだ。

私は、マインドフルネス瞑想には、ウェスティンホテルにチェックインするのと同じ効果があると考えている。

ちょっと想像してほしい。

あなたは今、ニューヨークのタイムズ・スクエア[*4]のど真ん中にいる。たくさんの人、車、バス、カラフルな動画広告。喧騒やざわめきとともに、いろ

＊1　ジョン・カバット・ジン（Jon Kabat-Zinn）
マサチューセッツ大学医学大学院（英語版）教授・同大マインドフルネスセンターの創設所長。

＊2　マチウ・リカール（Matthieu Ricard）幸福学の研究者でチベット仏教僧、分子生物学の国家博士。ダライ・ラマ14世のフランス語通訳も務める。

＊3　ヨンゲイ・ミンゲール・リンポチェ（Yongey Mingyur Rinpoche）チベット仏教の伝統と現代科学の両方に深い理解を示す。新世代の師僧として、新世代のチベット仏教界を担う1人として目されている。

いろなものが次々に視界に入ることだろう。その中で、複雑な図やグラフをつくったり、論文を書いたりしなくてはならないとしたら、どうだろうか。どんなにあなた自身が落ち着いていたとしても、周りのざわめきにはかなわない。近くのウェスティンホテルやダブルツリーに入って部屋を取り、そこにこもって仕上げるのではないだろうか。きっと、あっという間に作業を終わらせることができるだろう。

大抵の場合、人の頭や心の中はタイムズ・スクエアと同じ状況だ。現在のことはもとより、過去や未来のことも次から次へと浮かんできて頭の中をものすごいスピードで駆け巡る。そうかと思うと、突然、着信音とともに端末のランプが点灯し、スマートフォンやデスクトップ画面にソーシャルメディアのメッセージがポップアップする。テレビをつければコマーシャルが聴こえ、コーヒーテーブルの上の新聞には大見出しが躍り、気づくと床にクッキーのくずがぼろぼろ落ちている。まさに喧騒にざわめきに騒音だらけだ。こんな状態で、何かをしようというほうが無理だろう。頭や心をウェスティンホ

＊4　タイムズ・スクエア
ニューヨーク市マンハッタン区ミッドタウンにある繁華街。その真ん中にある交差点は「世界の交差点」とも言われ、大きなバスターミナルもあり、人と車で常に混雑している。

テルやダブルツリーにする必要がある。そこで、マインドフルネス瞑想、というわけだ。

人の心は、川や湖から汲んできたグラス1杯の水と同じだ。汲んだばかりのときは濁っていても、しばらくそのままにしておくと汚れやゴミがグラスの底に沈殿し、上澄みは向こう側が透けて見えるほどきれいになる。

瞑想をすると、心の中でこれと似たようなことが起きる。心の中のゴミが徐々に沈殿し、意識がクリアになる。見えるものも大きく変わっているのがわかるだろう。

マインドフルネス瞑想は、明晰な思考と集中力を得る方法だ。それによって、仕事上あるいは人生で何らかの問題を抱えていても、よりクリエイティブな解決策を見つけることができる。

もっと大切なことは、思考が明晰になると、あなたの人生に役立つ、いわゆる「真[*1]実の情報源（Source of Truth, SOT）」にアクセスできるようになり、実際に何が起きているのかを理解できるようになる。

ラダナータ・スワミ[*2]も、次のように語っている。

「お金を稼ぎ、投資することができる人を生み出すだけでは、世界を本質的に救うことはできない。そうするためには、人々がホリスティック（心身両面から健康のバランスを考えること）になり、内側にある精神性でつながりあい、そのうえで無条件の慈悲の心を持ち、行動することが必要だ」

瞑想は心を落ち着かせ、頭の中をきれいに整理して、本当に重要なことに意識を集中できるようにしてくれる。

「今」「ここ」に集中し、最高のパフォーマンスをするためにも上手に活用するといいだろう。

*1　真実の情報源 (Source of Truth, SOT)
情報の重複を防ぎ、一貫性のあるデータを提供する考え方。

*2　ラダナータ・スワミ (Radhanath Swami)
クリシュナ・バクティ継承上の僧侶で、バクティ・ヨガの教師。

ブッダが教えてくれること

数か月前、ニューヨークのソーホーを歩いていると、ある店先のショーウィンドウが目に留まった。３２００ドルから3万２０００ドルもするグッチのバイソンバッグやクロコダイルのトートバッグ、１２９５ドルもするマノロ・ブラニク*のスエードの編み上げブーツに混じって、なんとも幸せそうな表情でほほ笑むブッダがいた。

「よく考えてから買い物をしなさい。そうすればあなたの心に平安が訪れるでしょう」。そう諭しているかのようだ。

それ以来、私はときどきブッダを見かけるようになった。サンフランシスコの高級ホテルのショップやシカゴのデパートで、ブッダはアクセサリーを売る仕事を手伝っていた。

＊マノロ・ブラニク
イギリスの高級シューズブランド。「靴のロールス・ロイス」とも呼ばれ、故ダイアナ妃やマドンナなど、セレブに愛用されていることで有名。

ここ最近は特に、その効果が実証されたこともあり、人々になじみが出てきた瞑想やマインドフルネスだが、歴史上、最初にこの教えを説き、自ら悟りを開いた人として最もよく知られているのがゴータマ・シッダールタ、すなわちブッダである。

ブッダが八正道《はっしょうどう》（涅槃《ねはん》に至るまでの8種の徳、すなわち正しい行い）を説いてから2600年が経ったが、今や彼はマインドフルネスの象徴だ。

もちろん、ブッダの時代には、現在使われているようなテクノロジーは存在しなかった。観察力と主観的な評価だけが頼りだった。おそらくブッダは、修行の中で自分の呼吸と集中力を使って実験するうちに、雑音を遮断できるようになり、次から次に浮かぶ雑念から心を解放する方法を見つけたのだろう。

そして、頭に思い浮かぶもの、手で触れたり、感じたり、目には見えないものにも意識を向け、考えたに違いない。これは、感覚や思考のプロセスを超越した、「オープン・モニタリング瞑想（マインドフルネス瞑想）」*と呼ばれる段階のことで、心が完全にリラックスした状態になる。

＊オープン・モニタリング瞑想
瞑想には、呼吸のサイクルに集中する「フォーカス・アテンション瞑想」、「オープン・モニタリング瞑想（マインドフルネス瞑想）」、「慈悲と慈愛の瞑想」の3つがあり、それぞれ活動が活発化したり低下したりする脳領域に特徴がある（『日経サイエンス』2015年1月号「瞑想の脳科学」参照）。

マインドフルネス瞑想は、大抵の場所ですることができる。マットの上で太陽礼拝を何度か繰り返すのでもいいし、クッションに座り、数分間マントラを唱えるのでもいい。あるいは、ペンと真っ白の紙を持って、静かな部屋に行き、最初にひらめいた解決策を書き出すだけでも効果はある。

私はよく、飛行機の中や会議場、自分のパソコンの前でやっている。もし、時間の余裕とあなたなりのこだわりがあるのなら、ときには、時間をかけて本格的にやってみるのも手だ。数日間のリトリート[*1]に参加するという手もある。1日14時間、無言のまま瞑想に耽《ふけ》り、完全な静寂の中で、誰ともアイコンタクトを交わさず、字を読んだり書いたりもせず、つまりあなたを刺激するものが一切ないところでただ過ごす。最初から最後まで、そこに存在するのはあなた自身と、あなたの思考だけだ。

選ぶのはあなた自身だ。マインドフルネスの訓練はどこでも実行できる。

私の親友でグーグルの同僚でもあるチャディー・メン・タンは、マインドフルネス瞑想の利点について、こう言っている。[*2]

＊1　リトリート
仕事や家庭などの日常生活を離れ、普段とは違う環境で、自分自身を見つめ直すプログラム。

＊2　『サーチ・インサイド・ユアセルフ』（英治出版）から引用。

「心がしだいに集中し、安定するけれど、リラックスした形でそうなるのだ。平らな場所で自転車のバランスを保つようなもので、練習を積めば、ほとんど努力をしなくても、リラックスしながら進み続けられるようになる」

現代のグル*たちは、仕事の生産性を向上させ、クリエイティブな思考を高めるためにマインドフルネス瞑想を説く。彼らによると、心を落ち着かせることで、業務上の難しい問題にも耐えることができ、それによって優れた解決策を見出せるのだという。純粋主義者なら、瞑想という神聖な行為が世界中でビジネスライクに語られることに少々抵抗を感じるかもしれない。つまるところ、瞑想とは心の修養であり、平凡な日常から離れて人生の中にある本質的な真理を理解するためのツールなのだ。

そうは言っても、営業成績を上げるためにマインドフルネスを活用したいという人もいるだろう。もちろん、それでも構わない。ただし、少なくとも日常的に瞑想をすることが前提だ。

＊グル
サンスクリット語で「指導者」「講師」「尊敬すべき人物」などを意味する。

ウィスコンシン大学の脳神経科学者リチャード・デイビッドソンが実施した瞑想に関する研究では、マインドフルネス瞑想による精神修養は、脳の機能や神経回路を永久に変化させる可能性があることがわかっている。

デイビッドソンが実施した研究は、次のようなものだった。

ダライ・ラマの弟子である８人の僧侶を被験者として行われた。それぞれが15〜40年にわたって１万〜５万時間の瞑想経験を積んでいた。電極につながれた僧侶たちは、無条件の慈悲の念に集中しながら深いマインドフルネス瞑想に入るとガンマ波（脳波のパターンの１つで、知覚や意識に関連付けられている）の振幅が高くなった。このことは、意識や集中力、記憶、自制、学習、処理速度が高くなっている可能性を示している。同時に自制や幸福感、慈悲に関係する左前頭前皮質が活性化し、闘争・逃走反応*に関係する扁桃体《へんとうたい》の活動が低下した。

最新のテクノロジーを駆使して、精神修養と瞑想によって脳の働きに変化

＊　恐怖に反応して、戦うか逃げるかの二者択一を自分に迫る本能のこと。

が起こることも証明されている。実際、私たちは、瞑想によって脳の働きを活性化させることや意識のレベルを上げることができている。

また、心を落ち着けることができるため、どんな仕事をしていても、どのような思考プロセスにあっても、効率よくこなすことができる。

ブッダと彼の教えを実践する人々が数千年も前から気づき、語りつないできたことが、今、少しずつ解き明かされてきている。

ソーホーでちょっとした買い物を楽しんでいるとき、ホテルにチェックインするとき、飛行場に急ぐときに見かけるブッダの像。それは私を立ち止まらせ、一歩下がって、「今」「ここ」という一瞬に宿る神聖で大切なものの存在を意識し直させてくれる。

1440分の1が人生を変える

屋外のヨガ練習場の茅ぶき屋根のあるテラスで結跏趺坐《けつかふざ》（ヨガや仏教の座法）別名「蓮花座《れんげざ》」で座っている。足を交差し、目を閉じ、静かに呼吸する。ココナツ、ジャスミン、バナナの香りが漂い、湖のほうから暖かいそよ風が吹き寄せるのがわかる。呼吸に集中している間、かすかに波が岸辺に打ち寄せる音や、寺院の鐘が鳴る音が耳を通り過ぎていく。遠くのほうから牛の鳴き声がかすかに聞こえたような気がした。農家の人が乳搾りのために牧場から牛を連れて歩いている気配も感じる——。

19歳のとき、私は、ヨガ講師の養成プログラムに参加した。

この1か月、私は定期的な瞑想に対してある種の完全性を感じられるようになっていた。毎朝、世界中から集まった仲間の生徒たちとともに、夜明けに起床し、すぐに30分間の瞑想をする。それから朝のキルタンを唱和し、説教（satsang）を聞き、2時間のヨガと続く。夕方はその逆で、2時間のヨガから始まり、夜8時からの瞑想、キルタンの唱和、そして夜の説教と続く。ここでの精神的・肉体的な修行のおかげで、私は内面的にも外見的にも驚くほど変化した。呼吸をするごとに、可能性の持つ力を感じ取ることができていたし、何でもできると思っていた。

だがしかし、長くは続かなかった――。

アシュラムから出たばかりの頃は、毎日1時間のヨガと30分の瞑想をすると言っていたが、その誓いを守ったのは2日間だけだった。「2か月」ではない。3日目、私の大きな計画はあっけなく崩れ去った。3日坊主にすらなれなかったのだった。

そんなふがいない自分ができることなどあるのだろうか。私は、友人のメンに、自分が抱えている悩みを打ち明けてみることにした。

彼は、私よりもずっと知恵の豊かな人だ。きっと、いいアイデアがあるはずだと考えたのだ。

メンのアドバイスは、とてもシンプルだった。

「ゴーピ、ヨガの呼吸を1回だけやってみるのはどうだろう？」

というのも、1時間の瞑想は呼吸を約600回繰り返す。だけど最初の呼吸を終えてからでないと、2回目の呼吸に入ることはできない。

結局、600回に達するまでそれの繰り返しなんだ」

私は強迫観念型で神経症的な頑張り屋だ。だから彼に向かって、

「わかった。もっと頑張ってみる。毎日1分間瞑想し、毎日1分間ヨガをやることにする」と誓い、やってみることにした。

「1分間で何ができるのか」、そう思った人もいるだろう。

馬鹿馬鹿しくて、役に立たないアドバイスを、とあきれた人もいるだろう。

「1分間の瞑想に、1分間のヨガだけで、いったい何の意味があるの？」と。だが、私は真面目な性格なので、メンとの約束を破ってはいけないと、毎日、きちんと「1分間」を続けた。

空いている会議室やグーグルならではの広い廊下や庭で、1分間瞑想したら、次は1分間ヨガをする。一度に続けてできることもあれば、たった1分のことなのに、それぞれまったく違う時間帯に行うこともあった。

出張や移動が重なる日は、宿泊先のホテルの部屋、または、空港によってはヨガや瞑想ができる部屋が用意されている場合もあるので、搭乗前にそこに立ち寄った。最初のうちは、ヨガマットを持ち歩いていたが、貸し出されるバスタオルをマット代わりにするようになった。

飛行機に乗る日は、必ずと言っていいほど機内で瞑想をした（これは今も変わらず行っている）。飛行機が滑走路を滑走し始め、高度1万フィートに到達するまでの15分間、客室内では通信機能のない電子機器でさえ使用することができないうえに、客室乗務員が着席し、エンターテインメント・システムがオフになり、機内食サービスがなくなる。そのため、機内はひっそりと静まり返り、エンジン音だけが聴こえてくる。そこには、不思議な静寂と空間が生まれる。まさに、瞑想にうってつけの時間だ。このときは、1分だったり、3分だったり、5分、10分と瞑想の時間が長くなることもあった。

なかなか大変だったのが「1分間ヨガ」だった。

スーリヤ・ナマスカーラ（太陽礼拝のポーズ）を60秒の時間枠に収めたものを1セットとし、大抵の場合は2セット繰り返し行った。ヴィラ・バドラアサナ（戦士のポーズ）を1セット加えることもあった。

ゆったりとした優雅な気分になりたいときは、最後にナタラジャアーサナ（踊るシバ神のポーズ）を行ったり、エネルギーや活力がみなぎり、世界を制覇したい気分のときは最後にシンハアーサナ（ライオンのポーズ）をするなど、自分の気持ちに合ったアレンジをすることで、たった1分とはいえ、効果の大きい時間にできていたのだと思う。

フランスのマチウ・リカールは、細胞生物学者からチベット仏教の僧侶に転身した。彼が以前、このように話していたことがある。

「飛行機のフライト（約3000メートル）は短い空のリトリートだ。そこでは何もすることがなく、実質的に何の制約もない。そのような空間はほかにない。私は座って、ただ雲と青い空を眺める。何もかも静止し、何もかも動いている。美しい空間だ」

電子通信機器や情報に囲まれた環境から一時的に逃れたくなったら、飛行機で高度1万フィートの雲の上まで行くことだ。なんとも不思議で興味深いことだが、そこは地球上にわずかに残された貴重な空間なのだ。今や、普通の人は絶対にたどり着けないエベレストの山頂からでさえ、インターネットにつながることができる時代になった。

だからこそ私は、雲の上で過ごすその15分間を瞑想の時間にしている。

1分間のマインドフルネスの実践は、私の人生を変えた。

私は、インターネットから内的なネットワーク《インナーネット》への移行について講演する際に、このアイデアを広めている。すると、講演終了後、人々が私のところにやって来て、この1分間メソッドについて議論したり、メールを送ってきたり、ソーシャルメディアにコメントを投稿して、1分間メソッドがどれほど大きな効果があったかを教えてくれる。

1日1440分あるうちの少なくとも1分をあなたの最も大切なリソース、つまり心と身体と意識のために捧げることで、残りの1439分を意識することにもつながる。


「千里の行も足下に始まる」


これは、中国の哲学者、老子の言葉だ。

瞑想を究めるとき、たとえそれがブッダの境地を目指せるくらいのものであっても、すべては最初の一呼吸から始まる。すべては地道の積み重ね。それは、ブッダもやっていたことなのだ。

何をもって良しとするのか

ラスベガスほど無意識でスケールの大きい都市はない。ホテルからカジノ、娯楽施設まで、何もかも日常からかけ離れている。訪れる人は皆、そこで何をしようと罪悪感を持たなくてすむように、記憶喪失になることを誓う（「ベガスで何が起きようと、ベガスに置いて行く」という言葉もあるくらいだ）。

私が今立っている、サンズ・エキスポ&コンベンションセンターの大ホールでは、グーグルの年次カンファレンスが開催されている。集まった大勢のグーグラーたちに瞑想を指導すべく準備をしているのだが、会場のあまりの広さに内心呆れていた。

このサプライズイベントに参加するのは1万人以上。グーグル全事業部門のほぼ全員に相当する数だ。幅300フィート（約91メートル）もあるステージ上には、グーグル創設者のラリー・ペイジと私、そして私たちを囲むようにして、ヨガの愛好家やヨガクラスに参加しているグーグラーたちがいる。

「深く息を吸って。そして吐いて」

私は、客席に向かって声をかけながら、同じように呼吸をしつつ、まずはステージの正面にいる人々の様子を確認した。

「両手の指を組み、頭の上に伸ばしましょう」

声かけを続けながら、次はホールの右奥にいるグーグラーたちに、

「つま先でバランスをとりながら、背伸びをしてみましょう」

続けて、左奥にいるグーグラーたちに視線を向け、ついてきていることを確認した。

「それが『タダ・アーサナ』、そう『山のポーズ』です。かかとを浮かせたまま、山になったつもりで呼吸を続けましょう」

慣れない動きに、かなり必死になっている人々もいる。

「最後に、腕をさらに伸ばし、手を開いたら『オーム(Om)』と唱えましょう。

すると、身体のエネルギーが最高潮に達し、誰もが晴れやかな気分になります。

『オーム（Om）』」

会場全員で声を出したところ、一人ひとりが放つエネルギーで、ホールの空気は一変した。

この日、私たちはある記録を達成していた。

私が講師を務めたこのヨガクラスが、全米史上最大、しかも世界第3位の大規模なヨガクラスとして認定されたのだ。人数も規模も壮大で、まさに夢のような瞬間だった。

私は物心ついたときから、ヨガに没頭することに憧れていた。そして、様々なポーズ、つまりアーサナ*（asana）を習得し、自分の内的なネット《インナーネット》ワークにつながりたいと考えていた。

＊アーサナ
ヨガのポーズ、姿勢や体位のこと。「ゆったり安定した姿勢」を指すこともある。

高校を卒業した直後の19歳のとき、私は同級生たちに、自分がニーヤー・ダムにあるシバナンダ・アシュラムで学ぶつもりだと話した。そこは故郷から20マイル（約32キロメートル）離れた場所だった。同級生たちには容赦なく馬鹿にされた。後で知ったのだが、気が変になったと思われたらしい。現在欧米で見られるようなヨガブームがまだ訪れていない頃の話だったから、無理もないだろう。

だが私は、自分が何らかの理由でヨガの世界に生まれてきたのだと思っていたため、まったく迷うことなく、西ガーツ山脈のふもとにあるアシュラムに向かった。そこに1か月滞在し、1日4時間ヨガを練習し、キルタンを歌い、説教を聞き、瞑想した。ヨガの講師や瞑想の達人たちから、この素晴らしい伝統であり生活様式でもあるヨガを実践することは、神から授けられた贈り物なのだという話を聞いた。

そして、これまでヨガに関わってきたたくさんの人々が、自分の心と身体で様々なことを実験し、体験し、得てきたその知識も授けてもらった。

長い歴史と伝統と文化によって受け継がれてきたものを、数々のリレー選手（となる講師）が自身の心と身体で実験し、さらに受容度の高いものに、より役立つものに仕上げ、守り、発展させてきた。その役目が回ってきたのだと、私は受け取った。

アメリカに初めてヨガを伝えた導師たちの中に、私の恩師であるスワミ[*]・ヴィシュヌデーヴァナンダとスワミ・シャンカラナンダがいる。

彼らは、ヨガとは自己実現への道であり、同時に、世界中の人々に喜びと平和と幸福をもたらす訓練法だと説いている。そして、私たちがヨガを学んだ後、他者を指導することを強く望んでいた。だからというわけでもないのだが、私はずっとヨガを無料で教えている。もちろん、これからもそうするつもりだ。なぜならそれは、私が神から授かった贈り物であり、役目であり、つまり天職だからだ。

私に教えを説いてくれた恩師たち、そして彼らに教えを授けた先人たちの

＊スワミ・ヴィシュヌデーァナンダ
アメリカのみならず全世界に“シバナンダヨーガ”を広げた人として知られている。
世界各国にある『シバナンダヨーガ・ヴェーダンダセンター』の師となっている。

ために、自分がいちばん役に立てるのは、世の中にいる彼らの教えを必要としている人々に少しでも多く伝えることだと考えたのだ。

グーグル社内で教えることを勧めてくれたのは、同期入社の仲間だった。彼の申し出を快諾した私は、毎週月曜日、社内の会議室で1人の生徒に対し、ヨガクラスを教えるようになった。次第にうわさが広がり、いつのまにか毎回平均20名ほど集まるようになった。私たちはこのクラスを「ヨグラー」と呼んでいる。

ヨグラーを開始してから1年が過ぎたある日のこと、私は友人であり、同じ伝統を受け継ぐヨガ講師でもあるダグラスとともにグーグルキャンパスにあるチャーリーズ・カフェに入った。

私は彼に、クラスに来る生徒が少ないことを相談した。クラスを大きくするにはどうやって宣伝すればいいか、知恵を借りようと思ったのだ。

「おそらく、週に1回の夕方のクラスを2回に増やす必要があると思うんだ。

僕が月曜日を担当し、君が水曜日に教えるのはどうだろう?」

そう言って私は口ごもった。

「君ではそんなに多く生徒が集まらないかな」

そのとき彼から教えられたことは、ずっと心に残っている。その言葉は、真実を言い当てていたからだ。

「とにかく、このクラスで教えてみるよ」と彼は言った。そして、「もし1人しか来なくても、クラスに30人、300人いるときと同じくらいの誠実さと献身、誇りと喜びを持って、その人に教えてみるさ。30人とか300人に来てもらおうとするのは、単なる自己満足だしね」

予想だにしなかった答えにびっくりした私は、しばし、彼の言葉の意味をじっくり考えた。

そして、彼の言葉が正しいことに気づいた。私は規模も人気も、グーグルの中でいちばんのクラスになることで、自分がいちばん偉い講師になりたいと考えていたのだ。

私は、誰かにヨガを教えることで神の役に立ちたいという、ヨガ講師本来の目的を、いつしか見失い、自己満足に生きようとしていたのである。

ヨガの中には、「カルマヨガ」と呼ばれる概念がある。これはヨガの4つの流派（道）のうちの1つで、「自己満足は捨て、無私無欲で奉仕する道のこと」だ。

あなたが誰かに奉仕すれば、強い連帯意識を覚え、分離感も和らぐ。自分の体や自分という存在に対する幻影も薄らぐはずだ。

そういうわけで、ヨガのクラスで教えるときは、生徒が1人であろうと、100人であろうと、いつも同じように敬意と感謝の念を持つべきだと彼によって気づかされた。

そこに存在する同じ神聖なものが、あるときは1人の姿に、またあるときは100人の姿になって現れているだけだからだ。

そう考えるようになったことで、今ではヨガを教えることに集中できる。

*ヨガの伝統的な4つの流派に、カルマヨガ、ラージャヨガ（王のヨガ）、バクティヨガ（信愛のヨガ）、ジュナーナヨガ（学びのヨガ）がある。

実際にクラスを始めてみると、評判はとてもよかった。部屋は常にいっぱい。今やヨグラーは、グーグル本社で大きなムーブメントになり、世界各地のグーグルオフィスでもトレーニングが行われるようになった。数十人のグーグル社員たちがグーグラーのためにヨガプログラムを指導し、さらに多くのグーグラーがトレーナーを目指して特訓している。たった1人に教えることから始まったクラスが、ここまで大きく進化するとは思ってもいなかった。

教えることで、私とヨガのつながりはいっそう深まったし、生徒である社員たちがその利点を実践し、会社にもその恩恵を与えている。私は、そのことにとても満足している。しかも、自分の職場で教えることができるなんて。本当に幸運だと思う。

なぜ、ここまでヨガのクラスは人気があるのか。

シリコンバレーに住み、グーグルで仕事をする私たちは、素晴らしいテクノロジーの数々に囲まれている。

だが、人々の暮らしや文化を瞬く間に一変させ続ける技術革新の嵐の中、その勢いに圧倒され、つながりを感じることができなくなることがある。

ヨガは、そんな慌ただしさを緩和し、内的世界《インナーワールド》にチェックインし、そこにつながるための手段だ。と同時に、外的世界《アウターワールド》と自由につながりを持ち、関わりを深めるための手段でもある。つまり、自分であり続けるために、ヨガを必要とする人が多いのである。

おそらくこれは、グーグルやIT企業に限ったことではなく、多くの企業で同じような事態が多かれ少なかれ起きているのが実情だろう。

企業であれ、教育機関であれ、どのような組織もそこに働く人々がいて、その人たちによって成り立っている。

ところが、情報量は増えるばかり、インスタントメッセンジャー（IM）のやりとりがもはや当たり前。何かと即答が求められるこの時代において、多くの人が常に追われ、疲弊している。

ヨガを必要とする人、職場が増えるのは、至極当然である。

ヨガの効果は、脳の活性化や覚醒、心のやすらぎを感じることであり、常にそのことを忘れないことが大切だ。それは50年前、100年前、さらにさかのぼって人類が誕生して以来ずっと変わっていない。ヨガと瞑想は、人類の生活の質を高め、人々の意識を高めるのに役立つ。

ヨガや瞑想をこうした人々のために職場に取り入れることができれば、より円滑な人間関係をつくり、より優れた製品を開発し、よりよい選択をすることで、よりすぐれたサービスを顧客に提供することができる。ぜひやってみてほしい。そしてどんな成果があるか観察してほしい。

2500年も前にブッダが実践し、たくさんの人がつないできたことだ。座禅を組んで瞑想し、息を吸って、止めて、吐く。

ラスベガスのホールで1万人以上が一堂に会したあの日。静止した状態で1つの呼吸に集中したことで、誰もが心を平穏にし、安らかな気分になれた。そのことだけは、伝えておきたい。

成功のカギは睡眠にある

グーグルは「人生を最適化しよう（Optimize Your Life）」というプログラムを開催し、睡眠研究の専門家数人をスピーカーに招いた。

睡眠研究の第一人者であるジェームズ・マース博士は、6時間未満の睡眠が長期記憶の低下につながる可能性について、ザ・エネルギー・プロジェクトの創設者でCEOのトニー・シュワルツは、睡眠医学研究者アラン・レヒトシャッフェン博士によるラットを使った有名な実験についてそれぞれ紹介した。

この実験は、長期にわたる睡眠不足が体に深刻な悪影響を及ぼすことを実証したものだ。睡眠不足の状態にしたラットは、通常より食欲が旺盛であるにもかかわらず、体毛が抜け落ち、体重が減り、体温も低下した。そして32

日後にはすべてのラットが死んだ。この実験の結果が示すように、人間も、あるときは1時間、またあるときは30分と、慢性的な睡眠不足を繰り返せば、ラットと同じリスクにさらされる。もちろん、私たちはいつか死ぬ運命にあるのだが、睡眠時間を削ることは、わざわざ死に急いでいるというわけだ。

また、睡眠研究の世界的権威であり、スタンフォード大学睡眠研究室を開設したウィリアム・デメント博士は、同研究室のシェリー・マーとともに、同大学男子バスケットボールチームと共同で行った研究について語った。それによると、選手に対して睡眠時間を長くとるよう指導したところ、ダッシュのスピードが上がり、フリースローやスリーポイントシュートの精度が増した。つまり、睡眠時間を長くすることでアスリートのパフォーマンスが向上する可能性が示されたのである。

登壇した人物の中で私の人生に特に大きな影響を与えたのは、スワン・メディカル・グループの睡眠研究者シナ・ネーダーだった。彼の講演後、私は自分が熟睡できないことを彼に相談した。すると、数分もかからずに、「それは間違いなく『睡眠時無呼吸症候群』ですね」と言われたのだ。

「睡眠……何ですって？」

初めて聞く言葉だった。彼は、その病気について簡単に説明してくれた後、診断テストを受けるための予約を取ってくれた。

数週間後、体中に電極をつけて一晩睡眠を計測した結果、睡眠時無呼吸症候群であると正式に診断された。どんなに寝ても、しっかり眠れた気がしなかった理由が、ようやくわかった。

症状を改善するための対策をしたおかげで、私はだいぶよく眠れるようになった。

仕事中も周りを意識し、同時に集中することができるようになった。怒りっぽくもなくなった。

あのとき講演を聞かないでいたら、自分の睡眠障害をこんな形で診断してもらえたかどうかもわからない。だから、グーグルには感謝している。

グーグルは、仕事のパフォーマンスや生産性、健康にとって睡眠がいかに大切かを理解している。

このところ、シリコンバレーの多くの企業が昼寝を推奨している。グーグルにも、昼寝用の特別な「ポッド」が置いてある。理想の睡眠状態を得るために開発された近未来的なヘルメットチェアのようなものだ。それらがグーグル・キャンパスのあちこちに置いてあり、会議室のように予約して使うことができる。もちろん無料だ。

私は睡眠不足のとき、疲れているとき、作業効率が落ちたと感じるときに、ポッドを予約し、自分のスケジュールをブロックして、その椅子にもたれかかる。カバーを閉め、心地よい旋律を聞きながらリラックスして20分間睡眠をとるのだ。

あなたの職場に昼寝のためのスペースが確保されていない場合は（私はそういったスペースが従業員向けのジムや授乳室と同じくらい重要だと思っているが）、自分の車で休憩するか、会議室を予約して活用するといいだろう。

たった20分で圧倒的な効果が得られるはずだ。

「パワーナップ（power nap）」という言葉を造ったジェームズ・B・マース博士の著書『パワー・スリープ[*1] 快眠力――この「眠りかた」で体と脳に奇跡が起きる！』（三笠書房）では、15～30分の昼寝を取ることを推奨している。

30分は、睡眠の最初の2段階が終わるまでの所要時間だ。

博士によると、それ以上睡眠が長くなると、徐波睡眠[*2]《じょはすいみん》または深睡眠に入ってしまうため、目覚めた後も寝ぼけて頭がぼんやりした状態になる。むしろ、1時間半の睡眠をとることで1回の睡眠周期を終えることができるという。

近年、ようやく睡眠と昼寝の重要性が認識されるようになってきたが、解明されればされるほど、睡眠不足は深刻な問題であることがわかる。グローバルなビジネス環境では、昼夜を問わず同僚からの電話に対応しなくてはならない。あくせく働き、もっと成果を上げ、際限なく流入してくる情報に埋もれないようにするのに必死だ。私自身も、シリコンバレーにいるときは、

＊1　原題は『Power Sleep: The Revolutionary Program That Prepares Your Mind for Peak Performance』

＊2　徐波睡眠
睡眠は大きくレム睡眠とノンレム睡眠に分類されるが、ノンレム睡眠のうち、α(アルファ）波より周波数の低い脳波を特徴とする最も深い睡眠状態を「徐波睡眠」と呼ぶ。

夜11時に東京の同僚と話をしたり、朝6時にロンドンの同僚と話をしたり、ということもありうる。

現代文明が私たちの生活を浸食するようになる前は、日の出と日没という自然のリズムがあった。夜が更ければ寝る時間、日が昇れば生きるために仕事に出かけて行く時間だ。

かつて人類は、暮らしの中で自然の光を重視していた。ところが今、人工的な照明が家や職場やスーパーを照らし、日没が過ぎてもなお活動が続けられるようになっている。それはペースを落とさずに活動し続けよ、というメッセージでもあるのだ。

私たちが暮らすハイパーコネクテッドな時代は、テレビをつければ四六時中映像が流れ、1年中電話や電子メール、テキストメッセージ、ツイートであふれかえっている。結果は、睡眠中も脳は休まず動き回り、体に深刻な悪影響を及ぼしている。生産性は落ち、気力も減退し、集中が途切れ、不機嫌になる。

私たちには良質な睡眠が欠かせないのである。私が考える良質な睡眠とは、8時間以上の睡眠だ。仕事中に寝る時間を組み込むのではなく、最初から睡眠を重視した生活にスケジュールを組み直す必要がある。

連続して8時間寝るのは無理でも、合計で8時間寝るということならできるのではないだろうか。週に何度か8時間睡眠にチャレンジするのだ。たとえば、金曜の夜に8時間睡眠を始めるのはどうだろう？　土曜の朝も使ってゆっくり寝ていられるだろう。もしくは土曜の夜、早めに寝床につけば日曜日の朝までゆっくり眠れるのではないだろうか。しばらくすれば、1日の過ごし方が改善されるだろう。


「成功の鍵とは何か？　それは、もっと『睡眠』をとることにある」

これは、2010年の「TED Women」でアリアナ・ハフィントン*が行ったプレゼンテーションのタイトルだ。彼女は女性たちに、睡眠不足に対する

*アリアナ・ハフィントン
ギリシャ系アメリカ人の作家、コラムニスト。『ハフィントン・ポスト』の創設者。2009年に「メディア界で最も影響力のある女性」（フォーブズ誌）の12位に選出されている。

信奉をやめ、睡眠によって新たな革命をもたらしましょう、と呼び掛けた。

「女性の皆さん、私たちはまさに、『睡眠』によってトップの座につくことができるのです」

彼女はある朝、寝不足で意識を失い、倒れて頬骨を骨折。右目の上を5針縫う大けがをしたのだという。その経験から、彼女は多くの医療専門家や科学者コミュニティの関係者に会って話を聞き、十分な睡眠が生産性を高め、より幸福に満ちた人生を送ることができると確信したそうだ。

外部《アウター》のテクノロジーを最大限に活かせる状態に自分を整えておくには、私たち自身の内部《インナー》のテクノロジーに注目する必要がある。

内なる自分とつながり、内面への旅を深めるために実践できる唯一の方法があるとすれば、それは、良質の睡眠をとることだ。

睡眠に勝るものはない、と言ってもいいだろう。

第4部 検索

RESET

登山者は「次の尾根」を目指して山を登る。

目の前の尾根に辿り着いたら、また次の尾根を目指す。

たとえ、霧や暗闇で先が見えなかったとしても、ただひたすら進む。

登山者が進み続けるのは、その先に山頂があることを知っているからだ。


人生も同じだ。

次のステージに向かうドアをくぐり抜けるときにもこれと同じで、向こう側に何があるかわからないこともある。

何かの答えを探すとき、その先にある見えない宇宙を信頼することで正しいリソースが目の前に現れることがあることを、私たちも知っているはずだ。

インターネットで検索するときも、私たちはこれと同じ「信頼」とい

INNER-NET

うルールに従っている。

YouTubeやGoogleマップやウィキペディアといったツールは、多方面にわたってあらゆる情報をカバーしており、いまや見つけられない情報はほとんどないように思える。

たとえば「ロジャー・バニスターが人類史上初めて1マイル4分の壁を破った年に、同じように1マイル4分の壁を破った選手が何人いたか」といった質問であっても、システムは何らかの形でその答えを返してくれる。

検索キーワードを入力したら、後は相手を信用する。

するとその答えが返ってくる。

100パーセントではないにしても、おそらく95パーセントの確率で答えが返ってくる。

当たり前のようになっているが、ちょっとした奇跡と言えるのではないだろうか。

そんな奇跡の積み重ねで人生は成り立っているのだ。

地球最後のフロンティアで生きるということ

地球の最果ての地、南極大陸。

無限の魅力を秘め、多くの旅人や探検家を惹きつけてやまないこの地は、これまで誰にも所有されたことがない。分厚い氷の下には豊富な資源が眠っており、普段は何かと利害が対立しがちな大国同士が科学調査を中心とする南極の平和的利用に協力しあっている。*

夏は1日中太陽の光が降り注ぎ、それによって溶けた氷の表面がきらきらと輝き、冬は1日中漆黒の闇に閉ざされる。

私は今、南極半島に近いサウス・シェトランド諸島のキングジョージ島にきている。カリフォルニア州サンフランシスコを発ち、ペルーのリマ、そし

*
1959年12月、日本や米国、英国、フランス、ソ連（当時）など12カ国が「南極条約」に合意・調印している。

てアルゼンチンのブエノスアイレス、チリのサンティアゴ、プンタ・アレーナスと飛行機を乗り継いでたどり着いたのだ。

訪れたかった理由は2つある。

世界7大陸を制覇するという、かねてからの目標を達成すること、そして子どもの頃よりずっと頭から離れなかった、実現不可能な夢をかなえるためだ。

小さいときに過ごしたインドのコーリコードやティルヴァナンタプラムで暮らしていた頃、欧米に行ったことがある人は周りに誰もいなかった。私は、地元の図書館にあった旅の本で驚くべき写真の数々に出会い、目を丸くしながら「いつか外国に行きたい」という思いを強くしてきたのだ。

チリ空軍を引退した2人のパイロットが運転する小型飛行機が砂利の滑走路に着陸し、私は南極大陸に降り立った。

立派な白いひげを蓄えた初老の男性が出迎えてくれた。どこから見ても南極探検家といった風貌だ。アーネスト・シャクルトン（20世紀初頭のアイルランド出身の探検家で南極点を目指したことで有名）の映画を制作するとしたら、セントラルキャスティング（ロサンゼルスにある有名なキャスティング会社）が送り込んできそうな人物といえば、イメージできるだろうか。

初老の男性、アレホ・コントレラス・エステディーンは、ただの南極探検家ではない。生ける伝説だ。この30年間、毎年夏を南極で過ごし、人類史上、最も長くこの大陸に滞在している。南極点には17回到達しているという。

アレホは、南極大陸最高峰ヴィンソン・マシフ山にも16回登頂している。そのうち6回は、ニュージーランドの著名な登山家ロブ・ホールも同行している（ホールは後にエベレストに登頂後、遭難死した。事故の真相は後に『空へ——エヴェレストの悲劇はなぜ起きたか』[*1]（文藝春秋）という本や映画『エベレスト 死の彷徨』[*2]でも知られるようになった）。アレホはそれでも飽き足らず、1994年に南極大陸の沿岸を、向かい風を受けながら時計回りに航海するという離れ業をやってのけた。それは、常識的にはあり得ないルートだ。

＊1
原題『Into Thin Air』

＊2
原題『DEATH ON EVEREST』

そんなアレホを世界中が頼っている。荷物の輸送や救援要請など、皆、アレホならなんとかしてくれると信じているのだ。

たとえば、私が滞在していた時も、3日後に中国の国務院副総理の一行が南極を訪問することになっていたのだが、万が一、天候が悪化して43人の側近が基地に足止めされた場合の対策はアレホが手伝っていた。私の母校ウォートンの学生探検隊から大量の食料と燃料が必要だからなんとかしてほしいという連絡が入れば、それもアレホが手配していた。

ある日、無線機から「ビッグ・フィッシュ（Big Fish)」というコールサインが流れた。

プライベートヨットの乗組員からだった。ニューヨークの裕福なヘッジファンドマネージャーらをたくさん載せたそのヨットは、南極大陸の沿岸を航行中だという。本来ならそのあたりにいるはずのオルカやミンククジラ、ザトウクジラたちが見つからないとのこと(それなのに、コールサインはビッグ・フィッシュとは、なんとも皮肉な話だ)。そんなことまで、彼は頼られているのだ。

　ある日、ゾディアック（軍が使うインフレータブルボート）に乗せられ、近くのアードリー島の海岸まで連れていってもらった。ここには大規模なペンギンのコロニー（集団繁殖地）があり、島のその小高い丘の上は、ここを繁殖地とするペンギンたちで埋め尽くされている。ペンギンたちは山の稜線を成すように整然と並んでいる。下の浜に行けばスペースがたっぷりあるというのに、なぜわざわざそんな場所に巣を作るのか実に不思議だ。

　コロニーのペンギンたちは、とても忙しそうだ。目の前にいる大人のペンギンたちは、何千マイルも離れたフォークランドやクリスマス島から泳いで海を渡って来たばかり。自然の本能で、ちゃんと元の巣に戻ってくるのだが、その精度はGPSに負けていない。

　ペンギンは一夫一婦制で献身的な子育てをする。父親と母親は常にそばに寄り添い、ひれ状の翼でひなを胸に抱き寄せている。

人間から見れば壮観な景色だが、ペンギンにとっては危険な場所。外敵に襲われないようにひなを隠す場所もない。だから必死だ。

水の中ではあれだけ優雅な泳ぎを見せるペンギンも、陸の上を歩くのは下手くそだ。500万年かけて進化してきたのに、未だに歩き方をマスターしていないのだ。左右のひれでバランスをとり、お腹を突き出したまま、水かきのついた足で浜辺をぎこちなくえっちらおっちら進んでいく姿は、まるでリビングでオムツ姿の赤ん坊がよちよち歩きまわっているみたいだ。

南極の天候は急変しやすく、風速はときに時速186マイル（時速299キロメートル）にもなる。この日もそうだった。そのため、操縦士たちは私たちを自然の猛威の中から助け出し、チリ海軍のクラブハウスへと案内してくれた。温かいコーヒーとビスケットを振るまわれ、南極上陸記念の証明書を手渡された。新しい訪問者が来るとうれしいのか、ほとんどの人が私たちを好意的に迎え入れてくれる。

また違う日は、アレホの人脈のおかげで、中国の調査基地から招待を受けた。いかにも中国らしく「長城基地」と名付けられた新しい建物は、規模も大きく、中で働く人々も印象的だ。中国人の若手地質学者、気象学者、生物学者、海洋学者がミツバチのように忙しく動き回っている。

ロシア基地には、ロシア正教会の聖堂がある。丘の頂上にそびえ立つその教会からは、キングジョージ島に集まった各国の調査基地を見渡すことができる。ロシア正教の神父も本国から派遣されている。合理的な思考をするロシア人科学者たちが、自分たちの信仰のために聖堂を必要としていたのは意外だが、この氷の大地に人間の精神性が根を下ろしていることを示す驚くべき事例といえるだろう。


南極で目にし、経験したのは、この荒涼として凍てついた大地でさえも、生き物の暮らしと命を支えているという事実だ。ペンギンも人も、南極で生き抜くために互いに協力し、共存し、平和を大事にする美しい姿があった。

45億年前に誕生したこの巨大な大陸は、２３００万年もの間氷の層に覆われ続け、今もその姿を守り続けている。その事実に、私は深い安心と希望を感じた。つまり、人類の意思とは無関係に、この地球や宇宙はこれからもずっと不変に存在し続ける、そう確信させてくれるのだ。

南極圏特有の湿った突風が吹く中、私たちを乗せた小型飛行機は砂利の滑走路を離陸し、角度をつけて上昇する。アレホは1人滑走路のそばに立ち、さよなら、と大きく手を振っている。小さくなっていくアレホの姿が、未開の土地に残された孤独な開拓者に見えた。

私たちが元の快適な世界へと帰っても、今日のような空が冷たい灰色で、海が荒れている日も、彼はそこに立つことに揺るぎない幸福を感じている。生き物を寄せ付けない過酷な自然と常に隣り合わせの暮らしに信頼を寄せているのだ。

可能性を広げる扉の開け方

これからする話は、マリアン・ウィリアムソン[*]から、もっと正確に言えば私の友人のアマンディーヌ・ロシュから始まり、南アフリカのネルソン・マンデラ元大統領を追悼するオンラインイベントで締めくくるある意味、壮大な物語だ。

このオンラインイベントには、ダライ・ラマ法王、デズモンド・ツツ元大司教、ムフォー・ツツ牧師、メアリー・ロビンソン（アイルランド初の女性大統領）、実業家のリチャード・ブランソンの各氏が「Google+ ハングアウト」を通じて参加した。

それは、私のグーグル人生の中で、このうえなく誇らしい瞬間だった。

だが、最初からこれらの「点」をつなぎあわせることができたわけではな

＊マリアン・ウィリアムソン
作家、講演家。メディアでも活躍している。国際的な平和活動を展開するネットワークグループ「GLOBAL RENAISSANCE ALLIANCE」を設立 。

かった。

まずは、そもそもの出会い、「点」のスタートから話し始めよう。

2013年5月、マリアン・ウイリアムソンがグーグルで講演した。国連に協力する形でアフガニスタンとネパールで活動していた私の友人、アマンディーヌ・ロシュもゲストとして駆けつけてくれた。

講演の後、ロビーで立ち話をしながら、マリアンにその週、グーグルに講演にやってくるスピーカーたちの名前が載っているポスターを見せていると、アマンディーヌがうれしそうに歓声を上げた。

「なんてこと！『ピースジャム（Peace Jam）』*のドーン・エングルとイワン・サバンジエフも話をするの？ それならもう一度、ここに聴きに来るわ。彼らは、私の命の恩人なの」

アマンディーヌは、ドーンとイワンの招待を受け、ダラムサラを訪問し、ダライ・ラマと対談をした日、アフガニスタンで空爆があり、結果として彼女は命拾いをしたのだという（その空爆で、同僚数人が命を落としたのだぞ

＊ The PeaceJam Foundation（ピースジャム財団）
1996 年に設立された、若者に平和の大切さを伝え、育成することを目的に活動している。ノーベル平和賞受賞者も多く参加しており、ピースジャム自体もこれまで8回、ノーベル平和賞にノミネートされている。

うだ)。

ちょうどドーンとイワンとの初顔合わせを兼ねたランチをその翌日にすることになっていたので、アマンディーヌにも同席してもらうことになった。

ドーンとそのパートナーで元ロックスターのイワンは、誠実で実に行動的なカップルだ。2人はノーベル平和賞候補の常連で、これまでに9度もノミネートされており、彼らが主催する平和活動団体の理事には、ダライ・ラマやツツ元大主教ら、ノーベル賞受賞者が11人も名を連ねている。

グーグルでの講演を終えてしばらく経ったある日、私はドーンから1通のメールを受け取った。メールには、彼女が最近ダラムサラに滞在し、ドン・アイゼンバーグと話をしたと書かれていた。ドン・アイゼンバーグは、ダライ・ラマの事務所でデジタル対応の窓口を務めている。以前、「Google+ ハングアウト」を使ったトークイベントにダライ・ラマに出演してもらった際、一緒に仕事をしたことがある。

彼はどうやらダライ・ラマ法王をイベントに招いて対談してもらうというアイデアに関心を示していた。そこで、グーグルにいる私と話をしたいと考えたらしいのだが、その日、風邪で体調を崩していた私は自宅に早めに帰るつもりであったためミーティングはできないことを、ドーンを通して伝えてもらった。

米国時間２０１３年12月５日木曜日のことだ。そして数時間後、私はネルソン・マンデラ氏の逝去を知った。

次の日、ベッドで安静にしているところに、同僚のリア・タバコアラから連絡があった。ネルソン・マンデラ氏の偉業を讃えるデジタルイベントを企画するので、協力してもらえないかという。ダライ・ラマ法王やツツ元大主教とともにマンデラ氏との思い出を振り返るというものだ。

１つのアイデアを徐々に積み重ねていくのではなく、野心的な１つのアイデアを10倍にするのがグーグル流のやり方だ。それがどこまで実現できるか見当がつかないものであっても、である。私はすぐに「YES」と返事をし、ドーンにさっそくこのアイデアを話すことにした。ドーンは提案書を作って、ダライ・ラマとツツ元大主教にそれぞれの事務所を通して見てもらいましょう、と言ってくれた。

翌日、サンフランシスコはとても寒い日だった。

グーグルのパーティーだったのだが、私の体調はさらに悪くなり、参加はもはやあきらめるしかなかった。

欠席の連絡を入れ、自宅で暖かい服を着込み、ヨギ・ティー（インドのハーブティー）を飲みながらソファで休んでいると、あるアイデアが浮かんだ。

ダライ・ラマ法王とツツ元大主教に「Google+ ハングアウト」でネルソン・マンデラ氏の偉業を振り返ってもらえるようお願いしてみたらどうだろう。ソーシャルメディアを通じて質問する形で、世界中の人々がイベントに参加できるようにしよう。ほかにも、ジミー・カーター氏やビル・クリントン氏のほか、タッシャー・ガンジー氏（マハトマ・ガンジーのひ孫で、ガンジー基金（Gandhi Foundation）の代表）らの著名なリーダーたちを招待するほか、マンデラ氏の業績を未来に伝える世代を代表して、南アフリカやアフガニスタン、チベット、米国の小中学生にもディスカッションに参加してもらうのはどうだろう。モデレーターには、『ニューヨーク・タイムズ』のニコラス・クリストフ氏がいいかもしれない。

さっそく、ドン・アイゼンバーグの携帯に電話をかけることにした。彼は、ダラムサラ行きの便に搭乗するためにニューデリーの空港で待機しているところだった。彼は、いつも私の突発的な思いつきに耳を傾けてくれるのだが、その日も協力的だった。そして、明日の朝、ダライ・ラマ法王のチーフスタッフであるテンジン・タクラに話をしてみると彼は言ってくれた。ツツ元大主教が参加してくれるなら、誰でも説得できると頼もしく言ってくれた。

電話を切り、南アフリカの現地時間を確認すると、まだ早朝だったので、数時間待つことにした。毛布にくるまり、サーモスタットの温度を上げ、またまたヨギ・ティーを飲んだ。いい時間になったので、ヨハネスブルグにいる同僚のジョン・ラトクリフに電話した。彼は、朝起きたばかりだった。ジョンは以前にもいくつかのプロジェクト、特にダライ・ラマ法王とツツ元大主教がかかわるような不可能と思われた素晴らしいプロジェクトでたくさんの奇跡を起こしていた。今回もツツ元大主教の広報担当であるベニーに伝えることを約束してくれたが、私の期待にどこまで応えられるかわからなかったのだろう。「おそらくこの1週間はベニーのキャリアの中で最も重大な週になるだろう。国中が喪に服し、マンデラ氏の葬儀に向けて準備を進めているから」とのこと。しかし、伝えてくれるだけありがたい。

続いて私は提案書をコロラド州ボルダーにいるドーン・エングルに送った。彼女はその実現性をより高めるべく、ダラムサラのテンジン・タクラとツツ元大主教本人に直接送信してくれた。

このようなプロジェクトにおいてできることは、いったん手放して様子をみること、そして、その結果を信頼して待つことだ。

もし、私が体調を崩していなかったら、グーグルのパーティーに出掛けていただろう。提案書に取り組むのは日曜日になり、それがツツ元大主教の元に届くのは月曜日になっていた。おまけにその日のうちに目を通してもらえなかったら、このイベントは実現しなかった可能性が高いだろう。なぜなら、月曜日はツツ元大主教がマンデラ氏の葬儀で読むスピーチ原稿を作成していたからだ。葬儀は、各国の首脳が集まる史上最大規模の追悼集会になると言われていた。

日曜の朝、遅めに起きた私はメールをチェックし、信じられないと思わず目をこすった。ツツ元大主教が自分のiPad《アイパッド》でドーンに直接返信してきたのだ。魅力的なアイデアだと思うが、スケジュールが可能かどうかスタッフに判断を任せようと思うと記されていた。

間もなくしてダライ・ラマのオフィスを訪ねていたドン・アイゼンバーグからも返事が来た。テンジン・タクラと話をしたところ、私たちがツツ元大主教のスケジュールを確認でき次第、アイデアを実現する方向でなんとかダライ・ラマのスケジュールを調整できるか探ってみるということだった。

ツツ元大主教がハングアウトに参加できるのか、できるとしたら場所はどこになるかを確認してからでないと、本格的に機材の手配を進めることはできない。ほかの人たちに参加を呼び掛けるのは、大主教サイドの詳しい予定を確認してからだ。さらに、ニコラス・クリストフも興味を示してくれたが、インターネットにほぼアクセスできないケニアの遠隔地にいる予定だという。こちらも対応策が必要だ。

そして週が明けて火曜日。

世界は、ヨハネスブルグのサッカー場「ファースト・ナショナル・バンク・スタジアム」から中継される映像に注目していた。そこには、何万、一説によると8万人もの人々が集結していた。その中には、アフリカの偉大な息子、ネルソン・マンデラ氏の功績をたたえるべく駆けつけた、ズマ南アフリカ大統領はじめ、オバマ米大統領など各国首脳の姿があった。

その間も、私たちは返事を待ったが、知らせはないままだった。

火曜日の夜、私は香港に向けて16時間のフライトについていた。香港、シンガポール、コーチ（南インド・ケーララ州の都市）を経由し、トリチュールの実家までドアツードアで36時間の旅。両親が私の誕生日を祝ってくれるのだ。香港に到着した現地時間の木曜日朝、メールをチェックして驚いた。太平洋上のどこかの上空を飛んでいるときに、ツツ元大主教のiPad《アイパッド》から返信があったのだ。メールの文面には、こんなことが書かれていた。

「ありがとう。老輩は明日の午後4時、ミルナートン（南アフリカ・ケープタウンの地区）のオフィスから参加できます。自宅はインターネットの回線がないのでできません。

明日の金曜日は月に1度の静養日ですが、このために私はエアラインを中止します。

よろしく。

アーチ*より」

＊　大主教を意味する「archbishop」の略，

「エアラインを中止します」という意味はわからない。おそらくオートコレクト（入力時のスペルミスを自動修正する機能）のせいだろう。とにかく、彼は「よろしく。アーチより」と言っている！　いつも謙虚な大主教らしい言葉だ。彼の人生の中でもとりわけ多忙な週を迎えているにもかかわらず、直接メールを送ってきてくれたのだ。亡くなった親友に捧げる感動的な哀悼の辞を読んだばかりで、精神的にもきつかったはずなのに、だ。

これで、ツツ元大主教とダライ・ラマ法王がケープタウン時間の12月13日午後4時30分にハングアウトに参加できることになった。残された時間はわずか43時間。

だが、私は移動の最中だ。あとは皆を信頼し、任せたほうがうまくいくだろう。香港の搭乗ゲートエリア、そして次のシンガポールでは空港ターミナルのスターバックスが司令センターとなった。時間のプレッシャーの中、私は冷静に落ち着いて意識を集中した。

そこからボルダーのドーン、ニューヨークのリア、ダラムサラのドン・アイゼンバーグ、ヨハネスブルグのジョンたち、各地にいるみんなに電話やメールを送った。

それを受けて、世界の4大陸でグーグラーたちが迅速に行動に着手し、プロジェクトは順調に動き始めた。

あり得ない期限で壮大かつ野心的なプロジェクトに挑むとき、そしてテクノロジーを駆使して世界により大きな幸せをもたらそうというときほど、私の仲間を奮い立たせるものはない。機械のパーツは彼らが動かし続けてくれる。私がやるべきことは、皆に道を譲ることだった。

ダライ・ラマはニューデリーのチベット・ユースホステルから参加することになっていたため、デリーの同僚たちが衛星通信用の機材を持って会場に駆けつけ、設置した。

当初、声を掛けていたアンカー役のニコラス・クリストフは、滞在場所の理由で参加できなくなったが、私の同僚オリビア・マがニューヨークから魔法をかけ、CNNのスターアンカー、アンダーソン・クーパー氏の協力を取りつけた。真冬の寒さが厳しい朝6時半に、グーグルのニューヨークオフィスまで本人に来てもらえることになったのだ。ジョン・ラトクリフは、ツツ元大主教のオフィスで待機し、インフラをテスト中だ。

皆の迅速な行動ぶりには本当に驚かされるばかりだ。私はそれを「nimbleocity（敏捷性を意味する著者の造語）」と呼んでいる。

木曜日の真夜中、私はトリチュールにある両親の家に到着した。2人に簡単に事情を話すなり、2階に上がって世界中にいるチームのほかのメンバーとともに作業を続けた。リアからは、まだ返事が来ていない指導者たちがいると報告があった。より多くの人々に参加を呼び掛け、それぞれの思いでマンデラ氏に賛辞を贈ってもらいたいと考えた私は、リチャード・ブランソン氏かU2のボノ氏に参加を呼び掛けてみるべきだと提案した。リアも、素晴らしいと言って賛成してくれた。

ジョン・ラトクリフは後に、このときのことをメールでこんな風に書いてきた。

「人生には、その人の思考の枠を広げられる重大な出来事があると確信した」

何か大きなことを成し遂げたとき、自分ならできると思えるアイデアのスケールも広がる。

たとえそのアイデアを実現する方法を知らなくても、可能性はいくらでもある。

「可能性」の扉を拡げようとするとき、そこに「信頼」というシステムがあれば、誰もがそれを行動に移せるのだ。

信頼が点と点をつなぐ

グーグルで長年学んできたことは、真面目にアイデアを提案すると、相手はそれを真摯に受け止めてくれるということだ。

だから、リアが「ＹＥＳ」と答えたとき、それは真剣にやってみるという意味だった。リチャード・ブランソン氏やボノ氏とまったく面識がないうえに、彼らのオフィスとどうやって連絡を取ればよいかもわからないのにだ。

冷静になって、南アフリカの時間を確認する。午後10時頃だ。

すると、ジョン・ラトクリフがオンラインになった。ハングアウトを立ち上げ、彼をチャットに呼び出した。頼みたいことがあったので眼を見ながら話したかったのだ。

彼はベッドからスマートフォンで応じたが、カメラがオフになっている。

オンにするように頼むと、とても眠そうな顔が現れた。ちょうど寝ようとしていたところらしく、髪がヤマアラシのように逆立っている。

「ジョン、寝る前にお願いがあるんだ」

「何だい？　ゴーピ」

「最近、サー・リチャード・ブランソンと彼の事務所と協力して、起業家精神をテーマにした『Google+』のビッグイベントに取り組んでいたよね？　確かイーロン・マスクも一緒だった」

「ああ、そのとおりだ。おかげで良い関係ができたよ」

「彼のアシスタントと連絡を取って、マンデラ氏を追悼するためにサー・リチャード氏に対談に参加してほしいと伝えてもらえないだろうか」

「なんとかやってみるよ」

「ジョン、実はもう1つあるんだ。明日、元大主教のオフィスにテストに行ったときに、ベニーか元大主教にお願いしてボノ氏に連絡をとってもらうことはできるかい？　彼も対談に参加できないか確認してほしいんだ」

「わかった」
短い返事の後、電話が切れた。それから20分も経たないうちに、ジョンが再びオンラインになり、メッセージを送って来た。

「ゴーピ、サー・リチャード氏のアシスタントがすぐに返事をくれた。対談に参加してくれるそうだ。彼はイベントの2時間前に飛行機でロンドンに到着する予定だ。だから、彼は自宅のリビングのカウチに座って参加する。それに、彼はテクノロジーに明るいので、我々からのサポートやテストは特に必要ないそうだ」

なんと素晴らしい！　奇跡はこれだけで終わらなかった。数時間後、リアから連絡があり、同僚がメアリー・ロビンソン氏にも参加してもらうよう手配してくれたとのこと。彼女は、かつてアイルランド初の女性大統領を務め、現在は「長老たちの会議（Council of Elders）」のメンバーでもある。この評議会は、ネルソン・マンデラ氏の呼び掛けで結成された平和と人権のための「グローバルな思想家たち」の集まりだ。

時計を見ると、金曜日の朝5時半になる。私が最後に横になったのは、今から55時間前の米国太平洋時間で火曜日の朝だった。どおりで眠気が襲ってくるわけだ。

私は同僚たちにパズルのピースを組み合わせてもらうことにして、数時間の仮眠をとった。

電話のコール音で目が覚めると、カトマンズにいるアマンディーヌから電話だ。本番開始まで6時間に迫っていた。

ドーンの協力のもと、米国と南アフリカの若者たちから映像での質問が寄せられた。アフガニスタンのカブールに設立したアマヌディン基金が運営するトーチ・オブ・ライト・スクールの生徒たちからネルソン・マンデラ氏がアフガニスタンに残した功績について質問を集め、その様子を撮影し、ユーチューブにアップし、リンクを送信した。アマンディーヌはそのリンクをインドにいる私宛てに送信し、約2時間分のその映像をグーグルのオリビア・

マに送った。彼女がニューヨークのCNNのスタジオにいるアンダーソン・クーパー氏に送信できるようにするためだ。

まさにテクノロジーのなせる技である。テクノロジーは世界中の人々に叡智を広げるためにあるのだ。

点と点は徐々につながってきつつあった。

だが、実際にどのようなものになるかは、始まってみなければわからない。

「前を見ながら点と点をつなぐことはできない。あとから振り返ったときに初めて点と点をつなぐことができるのだ。つまり、未来の点は何らかの形で結びつくと信じなければならない」

これは、スティーブ・ジョブズの残した有名な言葉だ。

まだまだ、すべきことはたくさんあった。

インド時間の金曜日午後6時半。

トリチュールの家にいる私は両親やきょうだいをリビングに呼んで、ネットの追悼番組を一緒に見ようと言った。

同じ頃、ダライ・ラマ法王はにこやかに笑いながらニューデリーのチベット・ユースホステルの椅子に腰掛けた。

デズモンド・ツツ元大主教と娘のムフォー・ツツ牧師がケープタウンの事務所からサインインした。

アンダーソン・クーパー氏が、ニューヨークから彼のトレードマークであるお馴染みの美声で参加者の紹介を始めた。

数分後、サー・リチャード・ブランソン氏がロンドンから、そしてメアリー・ロビンソン氏がニューヨークから加わった。夢がかなえられた瞬間だった。

彼らが長年の盟友、ネルソン・マンデラ氏の思い出を語りながら談笑する様子に、見ている私たちまで笑顔になった。マンデラ氏がほほ笑みながらこちらに手を振っているような気がした。

対談の途中、アンダーソン・クーパー氏がダライ・ラマに質問を投げかけた。それは、カブールのトーチ・オブ・ライト・スクールに通う11歳のカサワラ君からのものだった。

「マンデラさんの精神がアフガニスタンで生き続けるために、わたしたちはどうすればいいですか？」

ダライ・ラマは顎《あご》に手をやりながらこう言った。

「歴史を見るに人類は困難に直面したとき、それが国家、あるいは個人のレベルであれ、たいていは力（武力）で解決しようとしてきました。しかしそれは、逆効果でした。

長続きする解決策とは、思いやりの心を持って問題に臨み、エゴを乗り越え、憎しみを捨てることです。そうすることで、憎しみはやがて愛になります。

今こそ、皆で非暴力の重要性を考え、一人ひとりが寛容であることの大切さを考えるときです。世の中に新しい気運をつくり、相手に復讐するというネガティブな感情を和らげることができるのです」

ダライ・ラマの言葉は聞いている人々の心に沁みたのだった。

グーグルでの講演会に端を発したこの物語は、こうして普通では考えられないような神秘的な力によって、点と点がつながり、形となっていった。95歳で亡くなったマンデラ氏の有名な自由のトーチ[*1]は、78歳のダライ・ラマの手から、11歳のカサワラ君へと手渡され、託された。

彼は、現在のダライ・ラマ14世がチベットから逃れ、国外で亡命[*2]生活を送るようになったときの年齢の半分にも満たない。

彼のような未来を担う世代にマンデラ氏の遺志を伝え、想いを渡すことができたのも、たくさんの仲間たちの力があったからだ。

あなたの想いを叶えたかったら、仲間を信頼することだ。

そして、信頼される人間になることだ。

点と点をつなぐのは一人でなくてもいいのだ。

＊1　マンデラ氏が 1990 年に釈放されたのちの最初の演説のときに手にしていたもの。

＊2　24 歳の時にインドに亡命した。

不可能と可能の線引き

ふと見上げると、足元から約40フィート（約12メートル）高くなったところに迷路のような通り道があるのがわかった。まるでサルのためにつくられたフィールドアスレチックのようだ。至るところに綱渡りの綱、ブランコ、細い丸太、ロープ橋、懸垂用のロープが固定されている。あと数分もしたら、私は高所にあるあの不安定な空中迷路を横断することになるのだろう。

私はロッキー山脈に来ていた。

一緒にいるのは、全米から集まった、実に様々な職業の人々だ。ニューヨークの警察官、ミネソタの生物医学関連の起業家、バージニアビーチのファイナンシャル・プランナー、オースチン小学校の先生、ワーナー・ブラザースのデンバー地区リテール部門担当マネージャー、ハーバード・ビジネススクール出身でロード・アンド・テイラー（米国の老舗デパート）向けの化粧品シリーズで３０００万ドルを稼ぎ出す会社経営者などだ。

これから数日間、ここにいる仲間たちとともに、大自然の中でアウトドアライフを体験しながら、若年層向けのキャリア再開発プログラムにチャレンジするのだ。このプログラムを開発したのは、アウトワード・バウンド。１９４１年に設立された非営利教育機関で、自然を教室にして学び、冒険を通じて自分自身を知るプログラムを提供している。

普段の心地よい生活とはかけ離れた厳しい自然環境の中に身を置く。身体や精神、心の順応性を高めることで、自尊心を養い、人と人が互いに依存しあうことを学ぶというものだ。目的は、精神を休ませることではなく、むしろ精神を鍛えることにある。

案の定、さっき見かけた空中迷路もコースに入っていた。

かなり難度の高いコースで、急流の上に張られた長さ60フィート（約18メートル）の綱を渡るか、細い丸太の上を歩けるものの途中で切れているため、そこから横に張り出した幅の狭い足場までジャンプしなければならないか、このどちらかを選択しなくてはならない。まさに、いちかばちかの賭けである。

私は川の上を綱渡りするほうを選んだのだが、先に進んでいた学校の先生をしているトレーシーが、足場に着地しそこなって、必死でぶら下がり足をばたつかせている姿が見えた。私は恐怖のあまり、綱を渡り始めることができなかった。

翌日はロッククライミングの日だった。

コースディレクターのウルフが新しいロープの結び方を教えてくれた。

それにしても〝ウルフ〟とは。彼の名付け親は、彼が大自然の中で生きるために生まれてきたのを知っていたに違いない。彼の生活の場は、山や川に囲まれたアウトドアそのものにあった。

ほぼ垂直に切り立つ岩壁によじ登り、頂上にあるベルを鳴らしてまた降りてくるというプログラムだ。腰に巻きつけたハーネスにロープを結び、出会ってからまだ1日と経っていない者同士でクライミング用のロープを使い安全を確保しなければならない。

ブレント、ロザリー、ジェフ、私の4人で信頼しあうのだ。ウルフは、失敗したら最悪の場合どうなるかを理解しておけば、恐怖に対処できると話す。ここで言う最悪の場合とは、ホールドから完全に手を離し、命綱につながったまま宙ぶらりんになって、下にいるビレイヤー*に自分の命を預けるということだ。

私は初めてのクライミングでこの芸当に挑戦することになった。岩壁の高い場所で逆さになってロープにぶら下がる。逆さまになった視界には、もと

*ビレイヤー
クライミングは通常2人1組で行い、クライマーが登るときに安全確保をする人を「ビレイヤー」と呼ぶ。

もと軍のキャンプがあった場所に野草が生い茂る谷間の美しい景色が映る。気分は空を飛ぶイーグルだ。私は体を起こし、岩肌に手足を押しつけ、チャクラサナ（車輪のポーズ）をとった。ニューヨークから来ているパーソナルトレーナーがうれしそうに「行け、ヨガボーイ！」と叫んでいる。

クライミングの途中、ロザリーと話をした。彼女はセントルイスで税理士をしている。私は彼女に、33歳の登山家エリク・ウェイヘンメイヤーのことを話した。出身は、コロラド州ゴールデン。ここからそう遠くない場所だ。先月、エベレストに登頂したばかりで、人類が成し得ることに限界がないことを世界の屋根に登って証明してみせた。

インストラクターのポールが「ブラインドクライミング*をやってみるかい」と聞いてきた。冗談だと思ったのだが、なんと彼は本気だ。

一度は躊躇したが、ポールがあまりに勧めるので、やってみることにした。バンダナで目隠しして、ロープをチェックし、いざクライミングを始める。今まで思いつかなかったやり方で、自分の指先の触覚を頼りに、岩の裂け

*ブラインドクライミング
目がみえない・見えにくい人（視覚障害者）によるフリークライミング、または視角を使わずにおこなうクライミングのこと。

目やホールドを探っていった。視覚は自分の中でいちばん大切なリソースの1つだ。視覚が使えなければ、頂上に到達することなどできないのは明白なのに、それでも今、こうやって見えないながらに上を目指している。

人生を生きるというのは、こういうことなのかもしれない。そう思った。人は持っているリソースを完全に活用することができていない。

普通のクライミングのときも、触覚を十分に活用できていなかったことが、ブラインドクライミングをしたことでわかった。

人は、いつも使っているツールが使えなくなってはじめて、自分のエネルギーやスキルや能力を本当はもて余しているのだと気づく。そして、眠っていたほかのリソースを活用することで自分の人生を変えられると理解するのである。

私たちが崖を下りると、インストラクターのポールが目隠しをしてクライミングを始めた。彼の動きは軽やかだった。上まで登り、地面に降りてきた彼は、ブラインドクライミングをやったのは20年のキャリアで今日が初めてだったと明かし、みんなを驚かせた。

するとほかのメンバーも、ブラインドクライミングをやりたいと言い出した。私やポールがしているのを見て、自分にもやれるのではないかと思ったのだろう。

自分が不可能だと思っていたことをほかの誰かがやっているのを見ると、もしかしたらできるのではないかという可能性を見つけたり、できる・できないの境目を勝手に線引きしていることに気づくことがある。

自分の潜在能力を最大限引き出さないまま、日々、そして人生を過ごしている人がどれほど多いことだろうか。

私自身、実際にやってみるまでは、目隠ししたまま岩を登るなんて馬鹿げていると思っていたし、やってみようなどと思っていなかった。ところが、やってみたらできた。限界に対する定義が変わった。それどころか、もっといろいろなことができるのではないか、と思うようにすらなった。

だからだろう。私はいちばん難しい岩肌に挑戦したくなった。「ピンクレディ」と呼ばれる区間だ。何千年もの間、融雪《ゆうせつ》によって岩肌が磨かれ、ピンク色の地層が露出している。ファイナンシャル・プランナーのステファニーは、この絶壁を別ルートで何度か登ったことがあるからと、アドバイスをしてくれた。

「半分まで登ったら、左側に移動するといいわ。そこから岩肌が滑らかになるから、足を壁に押しつけてなんとか突起をつかんで。最後の区間は、完全につるつるだから、自分を信じて岩にしがみつくのよ」

彼女の教えをしっかり頭に入れて、私は上り始める。真ん中あたりのレッジ（やっと立てるくらいの岩棚）でひと息ついて、左側を見ると信じられない光景が目に入った。デンバーの小売店舗マネージャーのリーが登ってきていたからだ。彼女は公私両面で人生の岐路に立たされている。今日も、このコースを登るべきかずっと考えていた。実は彼女に、一緒に挑戦しないか聞いてみたのだが、彼女はためらっていたので、きっと上らないだろうと思った。本気で挑戦しそうには見えなかった。でも、彼女の心の中で何かしらの答えが見つかったに違いない。

皆、息を飲んで見守っている。リーは自分のルートを確認し、ビレイヤーと一緒に安全確認をする。

「ハーネス確認……ビレイ準備ＯＫ……登ります……ロールアップ……」

岩の上でまるでクモのように手足を伸ばし、感覚のアンテナを最大限使って岩の裂け目やリッジ（岩の長い突出部）、ノブ、岩棚の位置を教え、少しずつ、少しずつ、でも確実に頂上に近づいていった。

一足先に上り、下りきった私はみんなと一緒に彼女を応援し続けた。

通常のクライミングの4倍の時間をかけて彼女はフィニッシュした。着地して目隠しを外した彼女の眼には強い光が宿っていた。

控えめな彼女らしく大げさなジェスチャーはしなかったが、彼女の心の中で確実に新しい扉が開く音がしたのが私にもわかった。

尾根の終わりには山頂がある

アウトワード・バウンド3日目。

ブラウンズ・キャニオンを流れるアーカンザス川をゴムボートでラフティングしていた時のこと。ゴムボートから落ちないようにするのに必死な私の耳にリバーガイドとインストラクターの会話の一部が飛び込んできた。

「昨日は2300だったけど、今日は2100に落ちたよ」

「ええっ？　ナスダックがそんなに下がったんですか？」

と慌てて聞き返した私に、彼らは、私の偏狭さが理解できないという感じで、川の水量のことを話しているのだと教えてくれた。

インストラクターたちは皆、この川に深い畏敬の念を持っている。

たとえば、リバーガイドのサマンサは、常にこう言っている。

「川には逆らわないこと。川はいつでも勝者だ。ただ流れに身を任せてください」

コースディレクターのウルフもまた、別の言い方で敬意を表している。

「山は自分の高さが1万3000フィートなのか、2万フィートなのか知りません。山はあなたに試練も愛情も同じように与えてくれます。山を敬いましょう。そうすれば、クライミングが楽しくなります」

プログラムに参加した私たちは、川沿いの草むらにキャンプを設営することにした。

ここをベースにして、サウォッチ山脈にある高さ1万3000フィート(約3962メートル)のガリーナ山の山頂を目指すのだ。インストラクターのポールは、1年の大半はコロラド大学の教授として英文学を教えている。メアリー・オリバーの詩を詠んだり、オスカー・ワイルドについて語るのが好きだ。彼は私たちに「満月を見ながら山頂に登り、夜をそこで過ごしてみたいか」と訊いてきた。チームの皆はやる気満々だ。私はというと、やってみたい気持ちもあるが、心配でもあった。生活パターンを変えなくてはならないし、夜の大切な睡眠時間を削って登ることになる。視界は日中より格段に悪くなるだろう。慣れない地形も明らかに不利だ。しかも、夜を山頂で過ごすために余分な装備も運ばなければならない。デメリットばかりが頭に浮かぶ。だが私は皆と一緒に行くことにした。自分の体力と気力がどこまで持つか試してみよう、そう思ったのだ。

いざ出発の段になると、ポールがいちばん歩くペースが遅い私に、先頭に立って登ってほしいと言ってきた。自覚もあったので、彼の指示に従うことにした。1時間も経たないうちに疲れてきた。道は急勾配で空気も薄く、1歩進むたびに息が上がる。月はまだ上っていないため、真っ暗な山道を炭鉱夫がつけるようなヘッドライトで照らしながら登っているので、視界が悪く余計にしんどい。腰が痛み、今さらだが、電気シェーバーのような役に立たない物を持ってきたことを心底後悔した。

ひたすら道を進んでいると、尾根が見えてきた。20分も歩けばたどり着けるのではないか、そんな距離だ。尾根を越えれば山頂まであとわずかだ。気持ちを奮い立たせて尾根に向かう。ところが、たどり着いた先にまた別の尾根が続いている。どうやらいくつもの尾根が延々と連なっているようだ。徐々にメンバー同士の会話が減っていき、皆が疲労に襲われていくのがわかった。ただ、次の尾根を目指すことに集中し、足を運んでいる、そんな状況だった。


闇の中、先の見えない工程に、私はふと、求職活動をしていた頃のことを思い出していた。

グーグルに入る前、私は「職業的熱意(professional passions)」(私が勝手に造った言葉)についてじっくり考え、そのうえで仕事を見つけたいと、5か月かけて9か国を旅した。アイスランドからインド、バーレーン、ザンビアを訪ね、キリマンジャロにも登った。その間、「次のキャリアはどんなものになるだろう？　本当に価値があるものにできるだろうか？」と自分に問いかけ続けた。その後、しばらくインドのシャクティナガーにある導師ラーマ・デビィのリトリートセンターで過ごし、仕事とプライベートで自分が最も大切にしていることは何かを明確にし、リスト化した。そのリストをもとに、これらをいちばん尊重してくれそうな企業はどこかを考えた結果、３つの企業の名前が候補として挙がった。そこで、シリコンバレーに戻り、私はその３社と面接をし、２社からオファーをもらうことができた。

その中から自分がいちばん働きたいと考えたグーグルに入社し、以来、前に進み続けている。実は、３社の候補を出した時点で、自分が働きたい場所ははっきりと決まっていた。その会社からオファーが出たとき、まさに「職業的熱意」も高まっていたのだった。

あの頃、今の私がグーグルで果たしている役割など、誰も想像もできなかっただろう。自分の究極の目標が何なのか、自分にだって見当もついていなかったのだから。だからこそ、次の尾根、次のステップに着いたら次に見えるステップを目指す。そして、また次のステップに行ったら次を目指す。その繰り返しだ。そうすることで、次々に現れるステップを踏み越えながら、自分の行きたい場所へと辿り着いてきたのである。

でもそれは、1人ではなしえなかった。

たとえば、2年前に挑戦したサンディエゴ・マラソン。私は21マイル（約33・8キロメートル）地点で体力が尽き、ぶっ倒れた。完走したいという意思はあったが、身体がまったく言うことを聞いてくれなかった。まさに体力の限界。結局、他のランナーや観客、あちこちで演奏していたロックバンドのメンバーに助け出してもらった。

今の私も、体力の限界に近づきつつある。

「みんなに力を貸してもらおう」そう思った。この仲間たちは不思議な抱擁力を持っている。皆の気持ちとつながることで、エネルギーを充電できるはずだ。彼らなら、拒みなどしない。きっと助けてくれるだろう。私の後ろを歩いているマイクは、さっき自分のために持ってきていた非常食を私に差し出そうとしてくれた。その気持ちが、その行動が勇気になる。

夜の何時頃なのか、山のどのあたりにいるのかもわからない。あとどれくらい歩かなければならないのかさえわからなかった。ただ1つわかっていたのは、この山を登り始めてからはじめて乾いた平らな場所に立っているということだった。これで私たちは山を転げ落ちる心配をせずに、寝袋に入って横になることができる。ここで、夜が明けるまで休もう。

朝、日の出とともに目覚めた私たちは、あたりを見回した。思っていたよりずっと近くに山の頂上が見える。こちらに覆いかぶさるようにそびえたつその頂を、最後の力を振り絞り、私たちはついに登り切った。

どこを見ても雄大な景色が広がっている。周囲をキャッスルやベルといった名前の峰々が取り囲み、はるか向こうでは、湖がきらきらと輝いている。

目の前に広がる自然のスケールに圧倒された私は思わず、頂上の岩に抱き着いて感謝のキスをした。インストラクターのキムが、読んでもらいたいものがあると言って私に一枚の紙を差し出した。

冒険家でジャーナリストのヴァルテル・ボナッティが書いた文だという。

「われわれ（登山家）は、身の危険を顧みず、最も驚くべきやり方で山に挑む。自分自身に課せられる努力に限界はないのだ。冒険家のこうした本能は、人類のあらゆる偉業を支える基盤になっている……われわれは、人間の可能性に限界はないということを実証しているのだ」

我々の人生に限界はない。

だからこそ、一つひとつ尾根を乗り越え、山頂を目指すのである。

仲間と共に。

心と体のミニマリズム

アウトワード・バウンドプログラムの締めくくりは、「ウィルダネス・ソロ（wilderness solo）」と呼ばれる大自然の中を単独で過ごすプログラムだ。若者をたった1人で荒野の中に送り込み、ブッシュの中で生き抜くことを経験させるアフリカの伝統的な通過儀礼をモデルにしている。

日が沈み始めると、インストラクターのポールとキムがウィルダネス・ソロについて説明し始めた。

森の中に入ったら、スピリチュアルな感じがする場所を見つけること。川から水を汲んで飲むときは、浄化してから飲むよう改めて注意すること。その他、安全を確保する方法の数々がレクチャーされた。

ニューヨークから参加しているという若い母親のシャーリーンが、「クマを見かけたらどうしたらいいか」と質問すると、ポールは、本格的な身の危険がない限り、ただ祈るだけでよいと答えた。

「クマは『あぁ、人間ね』と言って方向転換し、人間の方も『あぁ、クマね』と言って別の方向に進めばいい」

やや拍子抜けな感じはするが、それが彼流のヒトとクマが遭遇したときに従うべき自然のルールなのだ。

スタートの時間になった。

まず私たちがすべきことは、その昔、ヘンリー・ソロー[*1]が生活していたような「ウォールデン湖[*2]」を探すことだ。リュックの中には、もっと壮大なウィルダネス・ソロを体験した彼が記した本、『ウォールデン 森の生活[*3]』が入っている。

まもなくして、谷間に広がる草地の中に神聖な感じのするスポットを見つけた。谷の真ん中には川が流れ、両側にそびえる山の頂は雪で覆われている。

＊1　ヘンリー・デイヴィッド・ソロー（Henry David Thoreau）
アメリカ合衆国の作家・思想家・詩人・博物学者。

＊2　ウォールデン湖
1845 年 7 月 4 日から 2 年 2 か月と 2 日に渡って自給自足の生活を送った湖のこと。

＊3
原題『Walden; or, Life in the Woods』 ＊2の状況を描いた回想録。講談社ほかから邦訳版が出ている。

周囲を囲む松の木が完璧な防風林の役割を果たしていて都合がいい。私はさっそく内側にテントを張り、新しい住処にした。木と木の隙間から草地の向こうにそびえる威厳のある山の姿が見えた。

ミニマリズム*は窮屈だが、実は自由だ。

それはつまり、すべて「私」自身であり、「私」の思考であり、「私」の読む本であり、「私」だからだ。ウォートンのビジネススクールの倫理学教授トム・ドナルドソンが、最終授業の終わりにこんな言葉を残したことを、ふと思い出した。

「一人ぼっちで、誰にも見られていないとき、その人が何をするかで、文明人か野蛮人かがわかる」

ユダヤ人の思想家ラビ・バルフォア・ブリックナーの言葉だ。

同じチームのメンバーは今、何をしているのだろうか。ゼッタとシャーリーンは冗談めかして、自分たちは裸でソロに挑むと昨夜、言い合っていた

＊ミニマリズム
要素を必要最小限に抑えること。最小限のモノしか持たないライフスタイルを指すこともある。

（象徴的な意味で、それは正しい表現だろう）が、どうしているだろうか。

私たちが今チャレンジしているウィルダネス・ソロの所要時間は24時間だ。夜になると、様々な音が聞こえてくる。そして、この広大な自然の中で、満天の星空を見ながら眠るのは自分だけではないことに気づく。嘲《あざけ》るような声で鳴くフクロウ、木々の枝が揺れ、葉っぱがかさかさ音を立てるたびに私の頭の中で次々に姿を現す夜の生き物たち。ここで一緒に過ごす仲間たちだ。彼らに寄り添われながら、私はすっかり寝てしまったのだった。

日が昇り、外が明るくなってきた。私は、いつものように自分の人生で大切だと思うことを書き出してみた。人気のないところで、さわやかな空気の中にいるせいか、ニューカマルドリ修道院でリストアップした自分の行動原理が、いつもよりもはっきりとイメージできる。だからだろうか。「命を落とすことがない限り、どんな試練も人を強くする」からこそ、自分の行動原理に忠実でいられることに、今、ようやく気づいた。この1週間、私は自分の体力と気力の限界と闘ってきたが、その都度、限界を突破して、自分の可能性を新たなレベルまで引き上げてきた。しかし、そうした達成感にも増して大きな成果だったのは、自分にはできる、という感覚をつかんだことだった。

時間になり、キムが迎えに来た。私たちはベースキャンプに戻った。彼女は、にこにこしながら私を見ている。言わなくてもわかっているわよ、と言いたげだ。たぶん、彼女が毎回ウィルダネス・ソロを終えた参加者をこうして迎えに来るたびに、皆いつもと違う、突然悟りを開いた仙人のような穏やかな表情になっているのだろう。

哲学者は皆、こうやって思索にふけるために自然の中に身を置く。孤独を究めることで叡智が降りてくるからだ。私も普段意識していない心の奥深くに目を向けることができた。家に戻ればテレビがある。たくさんの服もある。ウィルダネス・ソロでは、野生動物が通り過ぎるのを眺め、寒さをしのぐものを纏《まと》う。私たちは、思っているよりはるかに少ない荷物で慎ましく生きていくことができるのだ。

再び集ったチームメンバーと、1日目の夜を過ごしたときと同じたき火を囲んで、ウィルダネス・ソロの感想を語り合った。一人で過ごしている間、このうえない幸せを感じた人もいれば、まったく内にこもっていた人もいた。

生産技術者のクレイグは、ずっと自閉症の息子マイケルのことを考えていた。マイケルをとおして、彼の家族は実に大きなことを学んできたという。彼とその妻にとって、マイケルを育てること、そして親はこうあるべき、子はこうあるべきという幻想を捨てることは、新たな境地に立って無私無欲の愛を悟ることなのだ。マイケルの話は、私たちの心に深く響いた。

対照的に、寂しさのあまり気が変になりそうだった人や、刺激がなさすぎて退屈だったという人もいた。

彼らは普段の生活がいかに騒がしい環境にあるのか、普段呼吸している空気がどんなものなのか理解したという。

ブレットは、夜を一人で過ごすのがどうにも落ち着かなかったと言った。いつもは、子どもたちや家族に囲まれているうえに、テレビや音楽がかかっていて、静かであることがまずないという。床もテーブルの上も様々なもので埋め尽くされている。こうした「モノ」から完全に切り離されたことで、人生にぽっかり穴が開いていることに気づいたのだという。今まで経験したことのない静寂に圧倒され、ただどうしたらいいかわからず、クマのように大柄な男が、岩に腰掛けて泣いていたそうだ。

人は自然の中で孤独に過ごすとき、自分と向き合い、知られざる自分と出会う。豊かな内的生活を送り、ありのままの自分や今の仕事に満足している人。人工的な刺激を使って心のむなしさを覆い隠してきたことに初めて気づいた人。どちらの人も、その気さえあれば、心を満たす新しい方法を見つけることだってできるはずだ。

私にとって、アウトワード・バウンドはかなりハードなプログラムだった。

確実に何かが変わった。しかも驚くことに、あれだけ肉体を激しく酷使したにもかかわらず、こんなにも元気だ！　リゼッタはそれを、山と私たちだけが共有できる奇跡だと呼んだ。

アウトワード・バウンド・プログラムが用意してくれた魔法の釜を覗き込んだ私たちは、人生が共通の体験を通じて同じ色に染まっていくのを目にした。一方、ウィルダネス・ソロは、一人ひとりが元の色に戻れるように、私たちを自己分析と内省の旅へと送り出してくれた。

ブッタは「真如《しんにょ》」の教えを説いた。

私たちも、ブッタの境地に立って人生をあるがままの真理として受け止められるようになりたいものだ。

目標を実現するには自分を「信頼」すること

私が最初に就いた仕事は、香港のスーパーマーケット・チェーンのソフトウェア・プログラマーだった。

いつも行く売店で新聞を買おうと財布を開き、香港ドル札を取り出そうとすると、紙幣と一緒に新聞の切り抜きが出てきた。『サウスチャイナ・ポスト』から切り抜いた米国企業の求人広告だ。星条旗が描かれている。その切り抜きを持ち歩くようになったのは、数か月前に上司から、彼自身が目標の達成に向けて実践しているある方法を聞いたからだった。彼はギターを習っていて、毎日、忘れずに練習してうまくなることを目標としている。その目標を常に忘れないために、ギターのピックをポケットに入れて持ち歩いていた。ポケットに手を入れるたびに、自分の目標を思い出せるというわけだ。だから私も、自分の目標「アメリカで働くこと」を忘れたり、あきらめたりしないために、星条旗の描かれたその広告を、いつも持ち歩いているのだ。

もちろん、すぐにでも仕事を辞め、アメリカに移住してチャンスをつかむことも考えた。だが、間もなく3週間の休暇が取れることになっていたため、まずは試しに現地調査に行くことにしていた。

アメリカでの職探しのために、私は履歴書を作成することにした。しかし、履歴書には香港の住所を載せたくなかった。アメリカの企業は米国外の人を採用したがらない。受け入れ手続きが面倒だからだ。だから、履歴書には、アメリカのベイエリアに住む友人、ラケシュの電話番号と住所を書き、彼に留守電のメッセージをこんな風に変えてほしいと伝えた。

「はい。ラケシュと〝ゴーピ〟です。ただ今留守にしています。ご用件のある方はメッセージをどうぞ」

数週間後、私はサンフランシスコに向けて飛び立った。ラケシュが空港に迎えに来て、部屋を予約しているYMCAのあるバークレーまで乗せてくれたのだが、YMCAから2ブロック手前のバス停で彼は車を止めた。そして、「出かけるときは、このバスを使うといい。ただし、帰りが夜になったときは、バスを降りたらすぐに走れ。さもないと危険だぞ」

と言ってくれたのだが、私には、彼の言葉の真意がわからなかった。

「本気で言っているのだろうか？　それとも、ただ、からかっているだけなのだろうか？」

疑問に思い、YMCAに着くなり、地元のフリーペーパーを読んでみた。すると何てことだ。オールストン通りで強盗事件が発生し、被害者が車を乗っ取られたと書かれている。まさにYMCAがあるこの通り沿いで事件があったのだ。私は友人の言葉を真面目に聞くことにした。

翌日、仕事を探すために新聞を買いに出かけた。YMCAのフロント係がコイン式の新聞スタンドのある場所を教えてくれ、さらに購入するときに使うようにと小銭に両替してくれた。

香港にしばらく滞在していたため、都会の緊張感にはある程度慣れていたつもりだったが、さすがアメリカである。広い通り、大きな車、行きかう人々、看板や建物など、どれを取っても自分の想像を上回っていた。さらに、この近辺はディープなアメリカらしく、歩道でたむろする人たちは皆、大柄でがっしりしていて、その服装や立ち振る舞いに威嚇されているような気がして、すっかり怖気づいてしまった。

だが、以前読んだガイドブックに書いてあったように、知らない土地で、土地に不慣れな「旅行者」だとバレるようなことをするわけにはいかない。それこそ危険である。

そこで、気持ちを無理やり落ち着けて、いかにも、勝手がわかっているふりをして歩き続けた。大丈夫。平常心でいればうまくいくはずだ。

ようやく新聞スタンドに着いた。私はほっと小さく息をついた。

新聞を買おうと、ポケットに手を入れ、小銭を取り出し（新聞は1ドル50セント）、10セント、5セント、25セントと引っ張り出しては投入口に1枚ずつ突っ込んだ。

そして、新聞が出てくるのを待った。

しかし、何も起こらない。

ハンドルを無理やり引っ張ってみたが、ドアはびくともしない。もう一度引っ張ると、その勢いで投入した硬貨が全部、出てきてしまった。何枚かがカーブを描きながら側溝に吸い込まれていくのが見えたが、仕方ない。

とはいえ、いったいどうしたものか。しばし、途方に暮れていると、

「あのう？」小銭が入った容器を持った男が声を掛けてきた。

「何かお困りですか？　小銭使いますか？」

1ドル札を10セントで両替してくれる両替商だった。この当時、この手の機械は25セント硬貨しか使えなかったため、新聞スタンドには、こうした両替商がいたようだ。しかし、その時の私は、25セント硬貨しか使えないこと

も、そんな商売があることも知らなかったため、財布を取り出して1ドル札を渡したすきに、こいつは財布を奪って逃げるに違いない、そう思った。「いや、結構だ」と答え、努めて普通の顔をして、硬貨を残したまま足早にそこから立ち去った。

次の角にもスタンドがあった。同じように硬貨を入れてみたが、やはり新聞は手に入らない。硬貨も数枚、側溝に吸い込まれていった。

さらに、小銭の入った容器を持った人に「小銭は要るか」と聞かれたがまたも必要ないと答え、クールな振りをし続けた。

何度かチャレンジしたのだが、結局、手ぶらでYMCAに戻るはめになった。小銭も使い果たしてしまっていた。

途中、フロント係の男性とすれ違った。すると彼のほうから「やあ、調子はどう?」と声を掛けてきた。

びっくりした。

アメリカ人は、お互いのことに無関心だと思っていたからだ。

「アメリカ人も友好的じゃないか。たまたま会っただけの人間に対して心配してくれるなんて」

私はうれしくて、「ここに来たばかりで時差ボケは抜けていないし、この場所にもまだ慣れていない」と答えたのだが、気づくと彼はすでに歩き去っていた。

「興味がないのに、なぜわざわざ声を掛けてきたのだろうか――」

もちろん、今はちゃんとわかっている。歩いている途中で誰かに「調子はどう？」と聞かれたら、こちらもオウム返しに「調子はどう？」と言って歩き続ければいいのだと。

だが、この時の私はさらに悲しい気持ちになって、ＹＭＣＡに戻ったのだった。

アメリカに来たときの所持金は７０００ドル。

しかも職はない。

家族も、香港の仕事を捨ててまで、アメリカで就職するという目標を、非現実的だとして反対している。

たしかに、私は安定した企業に勤め、高給を得ていた。その会社を辞めるべきではないという、家族の意見も理解できる。私の父は同じ会社に35年間勤め上げた人間だ。その経験を踏まえての意見なのだから、なおさらだ。

「そこで仕事が見つからなかったら、どうするつもり?」と、家族たちに聞かれても、私は気にしなかった。

3週間の滞在期間、毎日YMCAのロビーにある公衆電話から、自分を雇ってくれそうな企業に電話し、13件の面接の約束を取りつけた。そのうち数件は、休暇の期限が迫っていたため、キャンセルせざるを得なかったが、自分から行動を起こせば仕事は見つかると確信できた。

これで何もかもうまくいくだろう。いや、いくはずだ。

あっという間に時間は過ぎ、私は3週間ぶりにサンフランシスコの空港に立っていた。

3週間前、生まれて初めてサンフランシスコの空港に降り立ったとき、私はその雰囲気に圧倒され、ラケシュに電話するのも一苦労だった。

当時は携帯電話がなかったので、公衆電話を使うしかなかったのだが、いくら入れればいいのかさえわからず、私は両替所に行って硬貨にくずしてもらいながら、窓口の男性にラケシュの電話番号を見せ、いくら入れればいいか尋ねた。

「10セントか5セントの硬貨が数枚あれば大丈夫だ」

彼はそう答えて、一つかみの硬貨を渡してくれた。お礼を言って電話の前で、いざ硬貨を入れようとして驚いた。硬貨に「10」セントや「5」セントといった数字が見当たらないのだ。どのコインにも「エ《E》・プルリブス《Pluribus》・ウヌム《Unum》（合衆国が独立した州から成ることを意味する言葉だと、のちに知った）」と刻印されている。英語のように見えるが、意味はまったくわからない。裏を見ればわかるだろうと思って、1枚裏返してみたが、こっちには

「我々は神を信じる《In God we trust.》」と刻印されているだけ。

これでは、電話が掛けられない——。どうすればいいのだろう。

私はバッグを足元に置いたまま、しばらくの間そこに立ち尽くしていた。

スーツケースのキャスターがゴロゴロ転がる音が聴こえ、到着した人、これから出発する人共々、大勢の旅行者が友達や家族や恋人と談笑したり、うなずき合ったり、航空券に目を落として行き先を確認している声が聞こえてくる。サンフランシスコ名物のケーブルカーの模型やサワードゥ・ブレッド（天然酵母を使った酸味のあるパン）を販売するスタンドの隣で立ったまま、（今なら10セント（ダイム）だとわかる）硬貨の縁を親指で無意識にいじりながら、刻まれた英語を眺めていた。

「我々は神を信じる」

そのとおりだ。だから、大丈夫。そう、大丈夫だと思えばいいのだ。

はたして電話はつながり、ほどなくしてラケッシュが迎えに来てくれた。

そして、13件の面接を取りつけ、いったん香港に戻ったが、最終的に、アメリカで就職先を見つけ、今、「エバンジェリスト」として働いている。

そして、ささやかな貯金をほとんどはたいてくたびれた中古のホンダ車を買い、私のような移民がたくさん暮らしているイースト・ベイ郊外に古ぼけたアパートを借り、毎週水曜日の夜は、近所のユニティ教会で開かれるトーストマスターズのミーティングに参加して、スピーチのスキルを磨いて、こうして本を書いている。

別の言い方をすれば、私は自分を信頼し、この世界に向かってジャンプし、着地に成功したのだ。

第5部

サインアップ

RESET

戦争で荒廃したアフガニスタンのホテルにいる友人とシリコンバレーのコンドミニアムにいる私とで感謝していることをお互いにリストアップしたことがある。

ヨガと瞑想の道に進んだ幸せに始まり、健康、グーグルのハングアウト……など、次々に出てきた。

一瞬で7000マイル（約1万1300キロメートル）も離れた私たちが、感謝の気持ちを伝え合うことができるのもハングアウトのようなツールのおかげだ。

数年前なら、こんなやりとりは不可能だっただろう。たった5年でテクノロジーがここまで生活に浸透し、可能性が広がっていることに驚くばかりだ。

テクノロジーが私たちにもたらした能力や可能性、すなわち互いにつながりあったり、情報にアクセスしたりする力は飛躍的に向上し続けている。

これらにサインアップ*しうまく活用することで、より人生は豊かに便利

INNER-NET

になる。もはや、テクノロジーのない生活は考えられない。むしろ感謝すべきである。

巨大な情報のつながりをもつネットワークについて言えば、次のような人々にも感謝すべきだろう。

日々テクノロジーの発展と維持に努めている人々。

ネコの動画を投稿したり、ギターのチューニング用アプリを開発したり、債務上限についての政治的意見やビーガン（卵や乳製品も使わない完全菜食主義の）レシピをアップしてくれる人々。

そして、自分からは発信しなくても、こうした記事を読んだり、レシピを使ってブラウニーを焼いたり、普通に猫を飼っているだけの人々。

そこに共通するのは人間性だ。

人としての有り様に感謝し、様々な可能性を取り入れ、自分もそこに関わる。

人生そのものにサインアップできることに感謝しよう。

＊　サインアップ
インターネットや専用のアクセス網を経由して、オンラインで有料・無料のサービスの会員登録を行うこと。インターネットサービスプロバイダへの登録を指すことも。

人はつながりあっている

私は時々、インドの都市ヴリンダーヴァン*を流れるヤムナー川の岸を歩く。ここに来ると、『バガヴァッド・ギーター』に登場する賢者たちが、すべての人間は互いにつながりあっているのだと語りかけてくる。

すなわち、「ワンネス」人類の一体性だ。

一体性とは、『バガヴァッド・ギーター』の根幹をなす思想であり、クリシュナ神が語る教義はすべてこの思想から生まれている。

神話の時代から5000年を経た〝現在〟を生きる私は、人類の一体性がどのように体現されているのかを目の当たりにしている。

真っ先に挙げられるのが、現代の文明の利器、携帯電話だ。

＊　ヴリンダーヴァン
クリシュナ神が誕生したとされるヒンドゥー教の聖地。青い肌を持つ絶世の美男子で笛の名手であるクリシュナ神が、無数の牛飼いの女性（ゴーピー）たちと戯れた場所とされている。

以前私は、ドバイ国際空港のビジネスセンターに自分のアンドロイド携帯を置き忘れてきてしまったことがあった。

秘書が、探して届けてくれると言うので任せたのだが、その間、自分にはどうしても携帯が必要なことに気づく。誰かが私に連絡を取りたくなったらどうしよう。ありえない話ではない。

結局、たいした問題は起きなかったのだが、秘書の手を経て私の手に戻ってきた携帯電話を見て、あらためてその威力を感じ、もはやこの小さな端末は、自分の体の一部、言うなれば、人間の体の79番目の器官だと考えるのが自然であることを受け入れざるを得ないと実感したのだった。

今やこの端末を通して、実にたくさんのことを人々は吸収している。

昔はそうはいかなかった。

実際に自分で見て、触って、刺激を受け、いろいろなことを吸収するしかなかった。

たとえば、毎年夏休みになると訪れていたチッティラムチェリの祖父母の家での生活、田んぼに水を張り、水牛が耕し、稲が育つ様子を観察したり、牛小屋で乳搾《しぼ》りをする祖母にくっついて行き、搾りたての（もちろん、少々煮沸してある）ミルクを飲んだりする中で、私は、食べ物がどうやってできるのかを学んだ。

しかし今は、携帯電話を使えば、その場に行かなくとも、田んぼに水を張り、水牛が耕し、稲が育つ様子や、牛小屋で乳搾りをする様子を見ることができる。

ちなみに、私が毎夏訪ねていた当時のチッティラムチェリは人口2万人の農村だったが、電話はたったの3台しかなかった。1つは郵便局、もう1つは薬局、そして学校の校長室だ（この頃、私は自分のことを天才だと思っていた。なぜなら、村の電話帳の中身が丸ごと頭に入っていたからだ。番号は、それぞれ2ケタからなっており、31、32、33だった。今もしっかり覚えている）。

ところが先日、チッティラムチェリの守り神、チェルンツリ・バグワティを祀《まつ》った寺院の祭礼のために、両親とともに祖父母の家に帰省したところ、驚いた。というのも、田んぼの細いあぜ道を歩く人たちが皆、携帯電話を持っていたからだ。

腰に巻いている白いドーティ(インドで祭礼のときに男性が着用する白い腰巻)の細かいひだの間に文明の利器を入れ大事そうに持ち歩いていた。

人類が互いにつながりあうことを可能にする驚くべきツールは、世界中の人々にとって〝ある〟ことが当たり前の存在になってきているということだ。

地球上には推定で70億台の携帯電話があると言われている。

そして、世界の人口は72億人だ。

つまり、携帯電話を持っていれば、常にそのうちの70億人の誰かと会話ができ、情報や想いを共有することができる。

たとえば、チッティラムチェリにいる若者が、目の前にいる水牛の写真を撮って、カタールのホテルに勤めている、いとこに送信することもできる。

いまや、地理や物理的な「距離」はコミュニケーションを妨げる要素ではないのである。言語の違いも「グーグル翻訳」のようなアプリ（90か国の言語で双方向の翻訳が可能）のおかげで、ヒンディー語からミャオ語、グジャラート語（インド北西部の言語の1つ）からギリシャ語にだって変換できるのだから。

祭礼の帰途、ティルヴァナンタプラムの空港で、私は大好きなマサラチャイを飲みながら〝国境線〟をもう少し広げてみようと思いついた。

そして自分のグーグルアカウントでハングアウトにログインし、世界中の人々にビデオチャットに参加してもらえるようにした。

最初に私を見つけてくれたのは、サンパウロのムリーノ・ノーリンニョだ。彼はポルトガル語を話すのだが問題ない。グーグル翻訳を使えば、ポルトガル語と英語で自由に言葉を交わすことができるからだ。

続いてサンフランシスコがつながった。

相手は、友人のエメル・ムトル。トルコ人で、ブルガリアの難民キャンプで育ち、その後アメリカにやって来た女性だ。

彼女は4歳の息子アルダを寝かしつけるところだったのだが、ハングアウトの画面で私がオンラインになったことに気づいて、息子とともに画面に飛びついてきた。

アルダは、画面の向こうの人間（つまり私）を指さしながら、たどたどしいトルコ語で母親に話しかけている。

顔を見ながら、電話でおしゃべりできることに興奮している様子が伝わってきて、私はとてもうれしくなった。

この日は、12月だった。

そこで私は、お互いの顔にトナカイの角をつけてみることにした。そう、サンタクロースの友達だ。

トナカイの角をつけるのは、とても簡単だ。

グーグルの同僚であり、スリランカ出身の優秀なエンジニアであり、私の隣席のジャナハンが開発してくれたシステムは、ボタン1つで画面に映った自分の姿に仮想のトナカイの鼻と2本の角をつけることができる。

頭を動かしても角はちゃんとついたままという優れものだ。

ジャナハンの説明によると、角と鼻をスムーズに動かすのはとても難しい技術らしい。複雑な計算と処理が必要なうえに、ソフトウェアでユーザーの目の動きを検出し、トナカイの鼻と角の位置を決め、ユーザーが頭を左右に動かすと、リアルタイムで映像を処理して、2本の角を画面のどの位置に表示すればよいか自動的に再計算するのだという。

しかし、ジャナハンのような優秀なエンジニアが作る機能は、そういった複雑さをユーザーにまったく感じさせない。だから、アルダのような4歳児でも、簡単にやりとりすることができる。素晴らしいことだ。

ムリーノは、このビデオチャットがあまりに楽しいので、この機会を逃してはならないと、自分の4歳の息子、カルロスを画面の前に連れて来た。

カルロスとアルダはすぐにお互いを指さし話し始めた。それも、トルコ語とポルトガル語で。なのに、お互いの角を見てゲラゲラと笑いあっている。不思議なものだ。

インド、アメリカ、ブラジル、トルコの人たちが、それも年齢も育ってきた環境も違う人々が、1つのチャットルームの中で、英語、マラヤーラム語、トルコ語、ポルトガル語で、立派なコミュニケーションを織りなしているのだから。

そんなことを考えながら、皆の様子を見ていた私は、ハッと気がついた。

そうか、そうだったのか――。

ヴリンダーヴァンで賢者たちが話していたのは、このことだったのだ。

――すべての人間は互いにつながりあっている――

その本質的真理を今、私たちは画面上で目にしている。人類の一体性とは、つまり、トナカイの角と鼻のことだったのだ。

心のレンズを変える

無数のレンガが自分に向かって崩れ落ちてくる――。

長い人生、時にはそんなこともあるだろう（もちろん、本物のレンガが落ちてくるわけではないが）。

このとき、レンガなんかよりも、もっと深刻な問題が起きている、というのが人生のセオリーだ。

手に持っていたティーカップの中身、それも、溢れんばかりに満たされていたものが気づいたら全部こぼれ落ちてしまっていたなんてこともありうる。一度手にしたものがなくなる。その衝撃は大きく、なくなってしまった中身に対するネガティブな思考から、人はなかなか離れられないものである。

10年ほど前のこと、私はボリウッド映画*さながらの人生を送っていた。夢だった持ち家に住み、仕事に成功し、プライベートも完璧だった。

ところが、ある日突然、歯車が狂い始めた。

人生は、家、人間関係、仕事、健康、コミュニティ、そして自我という6つの柱で支えられている。そのうちの3つが、たった1週間の間に一気に崩壊したのだ。

マザー・テレサの言葉に、「神は私が乗り越えられる試練しか与えない。どうか、神が私に多くを望みませんように」という有名な一節があるが、この時の私は、その言葉をひたすら自分に言い聞かせていた。

しかし、どんなにこれまで直面した数々の状況を思い出しても、今回ばかりは、神は私が乗り越えられる以上のものを私に望んだのだとしか考えられない状況だった。

職も、家も、長い時間かけて築き上げた人間関係も、すべて失った。まさにカントリーウェスタンな人生だ。

＊ボリウッド映画
インド・ムンバイの旧称「ボンベイ」の頭文字「ボ」とアメリカ映画産業の中心地「ハリウッド」を合わせてつけられた俗称で、ムンバイで制作されるインド映画全般を指す。

私は、真っ暗な部屋でベッドの隅に座ったまま、静かに、現実と向かい合わずに済むようにして過ごした。それでも、頭の中では、ネガティブな思考がぐるぐると渦巻いていた。

いったい、どれくらい、こうしていたのだろうか。

私はテレビをつけてみた。画面の右上に、「午前3時」の文字が見えた。画面から人生のカリスマコーチ、トニー（アンソニー）・ロビンズが挑発的にこんな言葉を投げかけてくる。

「人生は情熱だ。もしも、カップの中身が半分しかないというのなら、見方を変えてみよう。『自分のカップにはまだ半分も残っている』とね！」

私は思わず頭を抱えてしまった。

「トニー、君はわかってない。私のカップは完全に……空だ！」

すると、どこからともなく理性的な声が聞こえてきた。

父の声だ。

「息子よ、人生がお前のカップを空にしたときは、運がいいと思いなさい。

お前は今、心からの願いでカップを満たすことができるのだよ」

「運がいい？　そんなわけないだろう」

すっかり追いつめられた私は親友であり、コーチであり、メンターでもあるスチュアートに話を聞いてもらうことにした。

「こういう場合、より重要なこととは何だろう？」と尋ねると、

「自分の様子を眺めるときの〝心のレンズ〟を一新してみては？」と言う。

彼の答えを聞いたとたん、不思議なことにものの見え方が変わったことがわかった。

そして、一方向にしか見えていなかった物事が様々な方面から、それこそ新たな視点で見ることができるようになったのだ。

それこそ、ついさっきまで職を失ったことが不安で不安で仕方がなかったというのに、今は仕事の義務から解放され、すべての時間を自分のために使うことができるという安心感でいっぱいになっている。

ほかにも、住む家を失ったことに落ち込んでいたのに、住宅ローンの支払

いをしなくて済むなんて自分は運がいい、と思えるようになったり、誰にも自分の気持ちなんてわかってもらえないと思っていたら、思いのほか多くの人が応援してくれたり、心配してくれたりしていることがわかってうれしくなったり。

何が大事で何が大事でないか、どこに目を向けてどこから目をそらすかによって、受け取り方が大きく変わってくる。

どこに心のレンズを向けるか、意識するかが、結果を出し、人生を豊かにするうえで大事である。

カップが空になったとき、あなたがすべきこと。

それは、あなたの心のレンズを変えることである。

マイナスをネガティブにとらえない

失業した。

だが、これがきっかけで自分に確信が持てるようになった、と言ったら、ほとんどの人が信じてくれないだろう。

さらに信じられないことに、こんな大胆な発想もできるようになった。

CEOならぬ「CUO」、すなわち「最高失業責任者」という新しい肩書を自分につけ、自分に6か月間の休暇を認めたのである。

心配しないでほしい。頭がおかしくなってしまったわけではない。

私には、世界中にやさしくて親切な友人がたくさんいる。

小中高や大学時代の同級生であったり、以前の職場の同僚であったりと様々だが、皆とてもよい友人だ。このことは、私の人生で恵まれていることの1つだ。

ところが、これまでは仕事に追われ、会う時間がほとんどとれなかった。6か月の休みが手に入ったことで、彼らと会うことができると考えたのだ。

さらに、なかなか行くことができなかった旅にも出かけることができる。そう考えることにした。

寒くて荒涼としたアイスランドの氷河から、暑くてぎらぎらした砂漠の都市ドバイやケニアの壮大な平原、アフリカ大陸最高峰、キリマンジャロに登った。残念ながら途中で高山病になり山頂は断念したが、その近くまで登ることができた。

こうして、学生以来初めて仕事ナシの時間を過ごしたことで、私はこんな本質的真理にたどり着いた。

問題は、人生をとりまく状況なのではない。

本当の問題は、頭の中でネガティブな思考を繰り返すことなのだ、と。

ジェイソン・ベッカーは18歳にして、世界最高のギタリストの1人として一躍脚光を浴びた。しかし19歳のときに、筋萎縮性側索硬化症《きんいしゅくせいそくさくこうかしょう》（ＡＬＳ）という、徐々に全身の筋肉に力が入らなくなる病を発症した。

現在は、ほぼ全身が麻痺し、人工呼吸器に頼らざるを得ない生活を送っている。

初めて彼に会ったとき、私の中に「ジェイソンの人生はなんと悲劇的なのだろう」という思いがあった。

ところが、ジェイソンの頭の中にはそんなネガティブな思考はみじんもなかった。

病気は冷酷にも、彼から話す力までも奪い取ってしまった。動かせる筋肉はほとんどない。しかし、眼球だけは動かすことができた。

そこで、彼と父親は、逆境に屈することなく、目の動きだけで言葉を交わす方法を編み出したのである。

ジェイソンは自身のウェブサイトで、うれしそうに自分のことを地球上でいちばんセクシーな男と呼び、彼の充実した人生のストーリーに私たちを招待する。

最近、自身が作曲した2枚目のアルバムを発表した。その中に、ハァ……ハァ……ハァ……ハァ……とリズムを刻む曲がある。これは、彼が人工呼吸器で呼吸する音だ。ジェイソンは、自分が発することができる唯一の音を使って、ミュージシャンとしての不屈の創造力が健在であることをアピールしたのだ。

彼は、マイナスな状況をネガティブにとらえるどころか、ポジティブに使っている。

つまり、問題はどんな試練に直面するかではない。直面したときにどうするかなのだ。

そこで、どんな選択をするか、それが物事の「本質」であり、人間らしく生きるために不可欠なことなのだ。

感謝の気持ちを意識する

私がアマンディーヌ・ロシュと初めて出会ったのは、私が薫陶《くんとう》を受けているスピリチュアルの師、アンマのいるインドのケーララ州アムリタプリにあるアシュラムだった。

先日、彼女がフランスからアメリカにやって来た時のことだ。

彼女の運転する車で、シリコンバレーの幹線道路ハイウェイ101を南下してグーグルプレックス（グーグル本社）に向かっていると、朝の渋滞にはまってしまった。ＩＴ企業の社員やビジネスマンがいち早く職場に駆けつけて分刻みのスケジュールをこなそうと皆、大急ぎなのだが、車はノロノロと進むばかりだ。

「君が感謝していることは何？」

「今こうしてサンフランシスコにいることと、あなたの横で運転していることに感謝しているわ」

唐突に尋ねた私に、彼女自身、この手の質問をよくぶつけてくるだけあって、まったく動揺するでもなく、はっきりと答えた。そして、私に目をやり、「あなたは、どんなことに感謝しているの？」と聞き返してきた。

少しの間、私は考え、そしてこう言った。

「僕たちがヨガと瞑想の道に進み、それぞれの世界を変えるツールにしたいと考えていることかな」（私の場合はビジネス、彼女の場合は戦争で荒廃したアフガニスタンだ）。

彼女はニッコリし、それからグーグルオフィスの駐車場に着くまで、私たちはお互い、感謝していることを順番に言い合った。おかげで私は、感謝の気持ちを持ったまま、オフィスにいくことができた。

「自分はなんて運がいいんだ」

自分は地球上でいちばん幸運な人間になったような気がした。

正直に言わなければならないが、「感謝の気持ちを口に出す」というアイデアは自己啓発本の作家であり人生のカリスマコーチ、トニー（アンソニー）・ロビンズから拝借したものだ。

ある日の深夜3時、自宅のリビングに座ってテレビのコマーシャルを見ていると、トニーが出てきて、「パーソナル・パワーを鍛える30日間（30-day Personal Power）」プログラムCDの宣伝を始めた。

先ほど話したように、この画面の中の彼も「カップの中身はまだ半分残っている」と言った。このプログラムは効果がありそうだ、そう思った私は、受話器を取ってダイヤルし、電話の向こうで「待機している」オペレーターに自分のクレジットカード番号を伝えた。

私は、CDが郵送されてくるのを心待ちし、届いてからは、毎日、車の運転中や自宅などで繰り返し聞き続けた。その中に、「毎日10分間使って、感謝の気持ちを持つことに集中しよう」、というプログラムがあった。

私はすっかり、そのプログラムにはまってしまった。

それから20年ほどになるが、今なお、ほぼ毎日5分間、感謝の気持ちを持つことに集中する時間を取っている。

マウンテンバイクで通勤するとき、ランニングや電話会議が始まるまでの待ち時間など、ちょっとしたすきま時間に、自分が感謝していることを思い出すようにしている。手元にペンと紙があるときは、思い浮かべたことを書き出している。

このトレーニングのことを、たいした意味のないこと、新しもの好きの人がやりそうな、くだらないことだと思う人もいるかもしれない。実際、このプログラムを馬鹿にして実践しない人々もいる。

だがしかし、やればやっただけの効果がある。

たとえば、感謝していることを思い浮かべ始めると、脳のスイッチが入り、創造的なアイデアがたくさん浮かんでくる。遊び心のあるものや真面目なものも含め、あらゆる方向に自由に発想することができる。自分のアイデアなのに、その内容に自分で驚くことも少なくない。日曜日とか、感謝祭などの休日に、このプログラムをし続けたら、100個ぐらいは軽くアイデア出しができるだろう。

感謝に集中することで、私の思考も心も変化した。

それまでは、自分の人生を「問題のある厄介で不完全なもの」と考えていたが、「豊かなもの」として捉えるようになった。その結果、実際に良い効果が出ている。

私は、この感謝の気持ちをもって1日のすべてのイベントに臨もうと努めている。たとえば食事だ。

食事中についデスクトップの画面を見たり、携帯で話をしたり、テレビや新聞を見たり、SNSをチェックしたりという人は多いだろう。忙しければなおさらだ。

今の私は、くつろげる場所を見つけ、そこでゆっくり食事をとるようにしている。そして、その食事が私の目の前に届くまでに関わった人たちのことを考える。生産者である農家の人、農産物を市場やスーパーに運ぶトラックの運転手、料理するシェフなど、直接感謝を伝えたくても伝えられない人たちだ。だから、とりわけ感謝の意識を強くもって、食事を味わう。

どんなことでもいい。日々のイベントを通じて物事をじっくり考え、感謝の気持ちを持つことで、よりいっそう人生に対する感謝の念を強くすることができる。

まずは、その日関わった人、そしてこれまでの人生に関わった人たちについて感謝する。

たとえば、私はほぼ毎日、自分にスピリチュアルな教えを授けてくれた人たちに深い感謝の気持ちを忘れない。彼らは、私の思考と意識の扉を開いてくれた。両親家族に対しても同じだ。私に注いでくれた無条件の愛、私に教えてくれたすべてのことに感謝する気持ちは、日に日に強くなっている。

感謝してもしつくせない（本書の巻末に謝辞をまとめているが、スペースの関係であまり書けなかったことがとても残念だ）。

まだまだある。マサラチャイ（栄養満点でしかもおいしい。故郷の味だ。カフェインをとるなんてと批判的な人もいるが、私は気にならない）、それに、毎日の感謝のエクササイズも欠かせない。

アマンディーヌと私は、あのとき車内で会話を交わした以後も、「Google+ハングアウト」を使ってお互いが感謝する項目をリストにして交換している。彼女はアフガニスタンとネパールに10年間滞在し、国連の活動に従事し、2014年のアフガニスタンの大統領選では、しばらくの間、選挙監視員を務めていた。

内戦による混迷が続くアフガニスタン、7000マイルも離れた場所にいる友達と、落ち着いて感謝のエクササイズを実践する。お互いがこの瞬間に大きな安息を見出し、心のエネルギーを振り向ける時間だ。

緊迫した状態の中で、アマンディーヌも私も、インナーネットを通じて自分自身とつながり、インターネットを通じてお互いをつなぐことができた。

現代のテクノロジーがあれば、私たちは感謝のエクササイズをするために誰とでもつながることができる。

携帯電話の音声やテキストメッセージで、自分が感謝するものについて語り合うことができる。

もしも遠くに暮らすあなたの家族が3日間連絡を寄こさないようなら、こんな風に言ってみよう。

「今日、あなたが感謝しているのはどんなこと?」

「なんで電話を寄こさないの?」と言うよりずっと素敵な聞き方だ。

「バーニングマン」で自分を見つける

ネバダ州のブラックロック砂漠の真ん中に、砂埃《ぼこり》にまみれた急ごしらえの人工都市ブラックロック・シティが、毎年7日間、期間限定で現れるのを知っているだろうか。

アメリカ最大のアートフェスティバル「バーニングマン」*だ。

生き物が住めない荒れ果てた大地に作られる実験的コミュニティで、世界中から集まった人々が思い思いのアートを披露したり、型破りな自己表現をしたり、徹底した自立を目指したりする（アート作品はビジュアルなものにとどまらない。ヒーリングや料理、ダンス、音楽など様々だ）。

あのサハラ砂漠でさえ、水や低木の植物が見つかるし、ラクダやサソリ、ヘビといった生き物もいるのに、ここバーニングマンの開催地は、プラヤ湖

*バーニングマン Burning Man　http://burningman.org/
アメリカの砂漠で誕生し、「よりクリエイティブに、より人がつながる暮らし」を目的とした、アメリカで大注目を集めているアートイベント。インターネットもTV、電話もつながらないうえに、お金が使えない（飲み物などは除く）。7万人近くが参加していると言われる。

（砂漠の平坦な場所にできる塩水湖）が干上がってできた砂漠で、アルカリ塩で覆われた広大な荒れ地のため草一本生えない。

開催期間中、ここ、ブラックロック・シティの人口は7万人近くに膨れ上がり、ネバダ州で人口第3位の都市になるが、フェスティバルが終わると街ごと消える（先住民たちが崇拝していた神聖な場所に敬意を表すためだ）。その7日間は、砂漠の中の街が創造性と人々の愛に満ち溢れた不思議なコミュニティになる。それは実に驚くべき光景だ。

飲み物や氷を販売する中央テントを除いて、参加者は何かしらのアクティビティを通じて互いに与え合うのが、このフェスティバルのルールだ。

毎回あらゆるものが、インスピレーション豊かなアクティビティを通じて提供される。無料のヨガクラス、ヒービージービー・ヒーラー（HeeBeeGeeBee Healers）のキャンプ、セイクレッド・スペース（Sacred Spaces）で感情を開放するためのワークショップがある。

70年代のバンド「シック」のディスコビートに乗ってダンスに興じたり、アート作品に触れたりすることもできる。

フェスティバルが終盤に近づくと、作品たちは燃やされる。

毎年街の中心にはそのシンボルとなる巨大な人型の像「ザ・マン」が立てられる。「ザ・マン」は7日間1人孤独に街を見守り続け、最終日に他のアート作品たちのように燃やされる。参加者みんなで「ザ・マン」を囲み、燃やされるのを見届けて、終了だ。

すべてのものはやがて灰の山になり、そこから新しい命や物が誕生し、再生を繰り返す。そのことを忘れないようにするための壮大な儀式なのである。

実は私も、バーニングマンでパフォーマンスをしたことがある。キルタン音楽のグループ「ザ・キルタニヤ（The Kirtaniyas）」を連れてここにやって来たのだ。私も彼らと一緒に歌い、タンプーラ*を演奏した。観客と一体になり、楽しくて心地よい体験ができた。

＊タンプーラ (tanpura)
インドの民族楽器。シタールなどの伴奏で使われ、開放弦を指や弓で弾き、低音域を鳴らす。

ここで許されているのは、無私の心を持ち創造的エネルギーを人々に与えることだ。必要なのは才能ではなく、熱意だ。だから、誰もが自分なりのアートを披露できる。実際、ここでパフォーマンスをする人たちは特に才能に恵まれているというわけではないが、そんなことは誰も気にしない。皆の前でパフォーマンスがしたくなったら、ステージに上がって歌うなり、ダンスするなり、とにかく好きなように参加できる。こうした型破りな寛容性が表すように、ここでは訪れた人全員が歓迎されるのだ。

ブラックロック・シティにはガイドラインとして、コミュニティの精神と文化を反映した「10の原則」*があり、参加者全員が従う。ただし、生きるために必要なこと、健康面については参加者の自己責任に負うところが大きく、規制や制約を最小限にすることで、創造力を自由に発揮できる環境になっている。

私が驚きとともに魅了されているのは、バーニングマンでは自主規制に基

* The 10 Principles of Burning Man「10の原則」
1 Radical Inclusion（どんな者をも受け入れる共同体である）
2 Gifting（与えることを喜びとする）
3 Decommodification（お金もうけのことは忘れる）
4 Radical Self-reliance（他人の力をあてにしない）
5 Radical Self-expression（本来のあなたを表現する）
6 Communal Effort（隣人と協力する）
7 Civic Responsibility（法に従い、市民としての責任を果たす）
8 Leaving No Trace（あとを残さない）
9 Participation（積極的に参加する）
10 Immediacy（「いま」を全力で生きる）

づくシステムがうまく機能しており、しかも、ルール違反が繰り返されることはほとんどないことだ。ここでは誰もがテーブルにたくさんの物を持ち寄り、こうした行為のすべてが無私無欲の精神で支えられている。

感嘆するばかりだ。

2年前、グーグルCEOのラリー・ペイジは年次開発者会議「Google《グーグル》 I/O《アイオー》」で講演し、テクノロジーの世界には「バーニングマン」のようなものが必要だと指摘した。

私たちが存在する「普通の」世界には、ある種の技術を開発するときに妨げになるような制約が存在する。そういった制約を気にせずに済むような場所に月に1度、年に1度のペースで訪れることができるようにすれば、様々な制約から解放されるし、とても大事だというのだ。

多くのIT関係者がバーニングマンに集まるのも、グーグル創設者の2人が以前から何度も通い続けているのも、あのような開放的なユートピアでなければ実現しないアートの世界を目の当たりにして、そこで得たインスピレーションを普段の生活に持ち帰るためだと私は理解している。

彼の言うように、こういったコミュニティで過ごすことは、分野を問わず、あらゆる技術革新と創造性を一気に推進させる可能性があるだろう。

私はバーニングマンに10年間通い続けている。1週間のイベントを体験するのは体力的に年々厳しくなってはいるが、いつ来ても自分が変わったような気がする。これからも、そして一生、私はここに戻ってくるつもりだ。

ありのままの自分になれる自由を与えられたとき、人間が成し得る可能性に自分も加わりたい、ただその一心からだ。

私はそこに集まる人々や活動を通じて放たれる人間社会本来の輝きに惹かれ、バーニングマンに戻ってくる。私は、誰もが実行できる人と人のつながりや温かさ、無私無欲の精神に惹かれ、ここに戻ってくる。

「普通の」世界の中で生きようとすると、自己表現やつながりが見失われがちになるものだ。だが、バーニングマンに来ると、誰もが本来持っている美しさや人間性が輝きを放ち、皆が美しく見える。

1つは、本当の自分の姿になれるからだろう。

ここでは、自分以外の人間を演じる必要はない。一度、自分の自由を束縛しているたがを外し、見せかけの姿を捨ててしまえば、本当の自分が残る。そうすることで、自分の思い通りのことができる。

もう1つは、自分がどうあるべきかを思い出し、自覚できるからだろう。

あなたがもし、今の生活に満足しているなら、あなたの眼は内面的な輝きを宿している。

必ず美しく見えるはずだ。

目立たない存在が神となる

グーグルでは、トップのエンジニアからオフィスを掃除するスタッフまで、誰もが全体のためになくてはならない仕事を持っている。

コンピュータの世界もこれとよく似ている。コンピューターは無数のパーツが相互に依存しあうことで、演算や制御、入出力処理や外部のネットワークと接続することができる。

たとえば、冷却ファンがなければ、コンピューターは過熱によって故障してしまう。

私たちはつい、画面の解像度やメモリー、ＣＰＵ（中央処理装置）といったことに注目しがちだ。しかし、目立たない存在が正しく動いてこそ、全体が最適化され、うまく回るのだ。

たとえば、バーニングマンのトイレ清掃担当員。ブルーの消毒液の入ったタンクを運び、ガロンボトルから除菌用の透明ジェルを詰め替え、トイレットペーパーのストックを置いて行くなど、かなりの忙しさだ。

開催期間中、5万人以上の参加者一人ひとりが、このトイレ清掃員たちを頼りにしている。私は、いつも列に並びながら、清掃員の方が作業する様子をじっと見ている。

時折、黙って見ていることがいたたまれなくなったときには、感謝の気持ちを伝えるために作業員一人ひとりにお礼のハグをする。

バーニングマンの精神に則り、ほかの「バーナー*」たちと同じように、カラフルなコスチュームに身を包んでいる彼らに、インドで買ってきた手作りのギフトを手渡す。「このフェスティバルに参加し、貢献してくれてありがとう。ブラックロック・シティを人の住める街にしてくれてありがとう」とだけ伝える。

＊バーナー
バーニングマンのシンボル「ザ・マン」は最後に燃やされてしまうので、イベントの参加者のことをこう呼んでいる。

私がバーニングマンという、誰でも受け入れようとするコミュニティを愛する理由は、お互いの神聖な仕事や奉仕に依存し、支え合っている社会を体感できるからだ。

私はインドでごみ処理事業を立ち上げたいと漠然と考えているのだが、それも同じ理由である。

日常の些細《ささい》な仕事やちょっとした状況の中に存在する神様に敬意を払うためであり、同時に私たちがどれだけその神を必要としているかをほかの人たちにも理解してもらい、感謝してもらうためだ。

コンピューターの一つひとつの部品が相互に依存しあっているように、人間の社会も私たち一人ひとりが互いに依存しあっている。

私のスピリチュアルの師、ラマ・デビは、「この家に来て、台所をきれいにしたり、洗濯したり、ごみをきれいにしてくれる人たちに最大限の敬意を払いなさい。なぜなら、このような仕事をする人たちは人間の姿をした神様なのです」と教えてくれた。

私たちがやりたくない仕事を彼らが引き受けることで、私たちの暮らしをより快適にしてもらっているのだ。

たとえ世間から卑しいと思われている仕事だったとしても、彼らに最大限の敬意を払うべきなのだ。ラマ・デビの言葉を借りれば、次のように言えるだろう。

「どんな人の仕事も重要であり、どんな人も何かしら重要なことをしている。みすぼらしいと見られている仕事に就いている人たちは特にそうだ。こういった人たちがいなければ、私たちの暮らしは雑然として手に負えなくなっているだろう。だから、私たちは、人のいやがる仕事をする人たちを、人の姿をした神様だと思うべきなのだ」

遅くまでグーグル本社で勤務していると、清掃員がごみ箱のごみを回収しに来る。その姿を見るたびに、アシュラムで過ごしたときのことを思い出す。

伝統的なアシュラムで過ごす場合、誰もがあらゆる仕事をする。寺院を飾りつけたり、経典を読んだり、説法をしたり、台所でナンを焼いたり、牛小屋を掃除したり、糞を取り除いたり、トイレを掃除したり。アシュラムでは、どれも神聖な仕事だ。

「自分を見つけ出す最良の方法は、自分を捨てて人のために奉仕することだ」とガンジーは言った。

実際、不思議なことに、アシュラムでは、決められた奉仕のどれをしていても、その仕事が神聖なものだと感じながら取り組むことができる。どの仕事も、全体のために必要なものだとわかるからだ。

清掃員がごみ箱のごみを回収してくれるこの行動も、グーグルのエコシステムに貢献している。

もちろん、それぞれがそれぞれの仕事をしているわけだから、私も自分の仕事を続けたっていいのだろう。見てみないふりをすることは簡単だ。

だが、私は自分のコンピューターに背を向けて、彼らの方を見てあいさつし、一時的でもつながりを共有したいと思う。

彼らがいるから私は仕事ができるのであり、同じグーグルの仲間なのだから。

ダライ・ラマ法王のシンプルなメッセージ

２０１０年11月、ダラムサラにて——
なんということだろう。私たちにあいさつをしようと、ダライ・ラマ法王自らこちらに歩み寄ってくださるとは……。

ダライ・ラマ14世は自らを一介の僧侶と名乗り、チベット仏教の教義に則って生活しているが、その活動の場は実に広く、ノーベル平和賞を受賞したことでも知られている。人類の平和や慈悲の心、人間の価値をテーマに世界各地で講演活動を行い、世界を希望の光で照らす偉大な人物だ。

今、私の目の前にいる彼は、好奇心できらきらと目を輝かせながら、付き添いのラマ僧による私たち訪問者についての説明にじっと耳を傾けている。

彼の丁寧で真心のこもったしぐさを目にするたびに、私は謙虚な気持ちになるとともに、言葉が出なくなってしまった。

人生でかなえたいことの1つに、「ダライ・ラマに謁見すること」と書いてから約10年。とうとうその願いが実現するのだから、緊張しないほうが無理である。

「ダライ・ラマに謁見できるかもしれない」

この話が出てから、それこそ、この場へ来るまで紆余曲折《うよきょくせつ》があった。ダライ・ラマに本当に会えるのかどうか、正直、実際のお姿を見るまでは半信半疑だった。

サンフランシスコから飛行機で香港、ニューデリーを経由し、1日1便しかないプロペラ機に乗り継いで、チベット亡命政府のあるダラムサラ*のガガル空港に到着するまで、およそ36時間。その後、空港に迎えに来てくれたチベット僧のラマ・フンソと共にタクシーに乗ること小1時間でマクロード・

＊ダラムサラ
50年以上前、チベット国民の精神的・政治的指導者であるテンジン・ギャツォ（ダライ・ラマの法名）、すなわち「ダライ・ラマ14世」がチベットのラサからインドに政治亡命した場所。

ガンジに到着。神秘的なヒマラヤ山脈の中の雲の上の小さな集落には、山の急斜面にしがみつくように、こじんまりとしたホテルや小さな家屋がぎっしり立ち並び、カングラ渓谷の地形をなぞるようにくねくねと小道が伸びている。その中を、あずき色の衣をまとい、厚底のブーツを履いたチベット僧たちが寺院の方に歩いて行く姿がところどころに見えた。

それが昨日の話だ。

謁見の日の午前8時半。

私はまず、ダライ・ラマの公邸で、ロンドンから着いたばかりのチベット僧ラマ・テンジン・ドンデン師と面会した。彼は、今回の訪問を手配してくれた人物だ。

ダライ・ラマへの謁見は午前9時半。入り口には既にチベット人の巡礼者たちの長い列ができている。法王に謁見するためにチベットの人々は昔から、そうしてきたのだ。私たちのすぐ後ろには、200人を超す白人の旅行者グループが待機している。1960年代から70年代にかけ、当時ダライ・ラマがダラムサラに開いた学校で教義を受けた同窓生たち「オールド・ダラムサラ・ワラー（Old Dharamsala Wallahs）」だ。当時、若者だった人たちが、今こうしてその子どもたちや孫たちとともに訪れているのだ。

チベット亡命政府の指導者であり、平和と倫理について語る世界的スポークスマン。仏教学者で僧侶。チベット仏教ゲルク派の最高指導者。そして、高尚な思想をわかりやすく世に広める教師であり、仏の教えを実践する人であり、通訳。それが、ダライ・ラマなのである。

私は改めて、彼が日々過酷なスケジュールをこなしていることに気づき、感嘆したのだった。

実際、お会いして話をうかがうとダライ・ラマがいかに冷静で研ぎ澄まされた感覚を持ち合わせているか、また、その圧倒的な存在感に驚嘆せずにはいられなかった。

ダライ・ラマの簡素な言葉は、聴く者の心に響く。それは、世界中で講演活動を行ってきた長年の経験から生まれたものであり、簡素であることこそ究極の知恵だと悟っているからだ。

また、とても現実的なセンスの持ち主だ。難解な教義も見事な至言にしてみせる。「仏教には矛盾した教えもあります」と彼は言う。「先人たちが勘違いしたからではありません。様々な人々に合った、様々な教義が存在するからです」

テクノロジーと現代社会についても語った。彼はソーシャルネットワークを通じて、多くの人々に自分のメッセージを届ける仕組みに大いに関心を持っているという。

彼のメッセージは実にシンプルだ。

世界の平和、社会の平和、個人の幸福は、内面的な平和があってこそ実現するものである。

私たちはまず、周りの人々に思いやりや感謝の気持ちを持ち、相手に敬意を示し、マインドフルネス*を実践することから始めよう。

最初にあいさつを交わしたその瞬間から、ダライ・ラマは私たちに真心をもって丁寧に接してくださった。

謁見の最後には一緒に記念撮影をし、その写真にサインして渡してくれたうえに、カターを私たち一人ひとりの首に掛けてくれた。彼の人間性の素晴らしさに感激した私は、目に涙を浮かべて感謝と別れの言葉を述べた。


数年前、欧州のいくつかの地元紙が読者を対象にアンケートを実施したところ、世界で最も尊敬する世界的指導者の第1位にダライ・ラマが選ばれた。ジョージ・ブッシュ米大統領（当時）ら並み居る有力者を抑えての結果だった。私は、権力や富や権威といった従来の枠組みから逸脱した世界的指導者が存在することに感嘆したものだ。

ダライ・ラマは富や財産を一切持たず、政治的難民でパスポートすら持っていなかった。

＊マインドフルネス
1990年代にダライ・ラマが世界の科学者たちに向けて発信した、マインドフルネス（瞑想）に関する1つのメッセージを受けて、ハーバード大学をはじめとするアメリカの多くの大学で研究が始まり、グーグルなど、シリコンバレーのIT企業でも取り組まれるようになった。

それにもかかわらず、世界中の人々から尊敬を集めている理由は、彼がモラルの権威であり、地域紛争の平和的解決に尽力し、信じられないほどの慈悲と寛容の精神を持ち、虚飾のない簡素な言葉で語る姿勢にあることは間違いない。

リセット〜RESET〜

私たちは今、現代のテクノロジーがもたらす新たな潮流を目の当たりにしている。

だが、私たちが実際に手に取ったり、使っているのは、テクノロジーが生み出す可能性のほんの一部分だ。世界中のインターネット人口は30億人。*それが10年、20年後には70億人に増加している可能性もある。

インターネットにつながることができるのは、もはや人間だけではなくなり、家や車、ペットまでもがつながるようになっているだろう。

テクノロジーの低価格化が進み、スマートフォンの機能も進化し、より効率的なツールになっていることだろう。翻訳機能も発達し、言語の壁を感じずに通話ができるようになることも考えられる。

＊　国際電気通信連合（ITU）は2014年の年次報告書で、世界のインターネット利用者数が30億人を突破したことを発表した。

テクノロジーの発達は、環境を変化させ、社会の在り方、バランスをも変える可能性がある。さらには、社会のルールも新しいものが必要になってくるかもしれない。

こうした環境の変化、発達についていくには、私たちは自分の内側にあるテクノロジーに耳を傾け、外側のテクノロジーとのバランスを意識してつかむことだ。

これは、私たちの祖先が２５００年も前から試行錯誤を繰り返し、得てきた実験結果だ。「伝統」という知恵の積み重ねに沿って、人は進化してきたともいえるだろう。

インナーネットを常にバージョンアップできるかどうか。それが、これからの時代を生き抜くには欠かせないだろう。

『トリサイクル (tricycle)』(米国の仏教雑誌) の1冊に、「ダーマ・オーシャン基金」の創設者レジー・レイが書いた次のような文章がある。

私たちが次の時代をどう受け入れればよいかを、彼は見事に表現している。

「私たちは、修行を深めることで、自分自身の内部に、無条件の愛があることを理解する。

それが大きいのか否か、美しいのか否かといったことは重要ではない。この上なく幸せか、痛ましいほど悲惨かということも関係ない。

人間の中核にあるものは、無条件に捧げる無限大の情熱であり、相手に対する思いやりの心だ……。

愛とはつまり、人間らしく生きることを信じ、何が起ころうとも、自分の中を生命の川が流れるままにすることなのだ」*

人間らしく生きる――。

それは、つまり、本来の姿、あり方を、改めて意識し、自分なりに構築する必要があるということだ。

それが、あなたの基礎力となり、バージョンアップを支える。

＊2010年冬号を参照（英語のみ）
http://tricycle.org/magazine/vajrayana-journey-experience-love-power-and-freedom/

あなたに必要なのは、心も体も頭も、そして生活、生き方をも、まずはいったんリセットすることなのだ。

その先に、あなたの目指すものが待っている。

次へ　<<

本書をよりよく理解するために

本書を読んで知りたくなったことや、助けが必要になったときは、あなたの周りを見渡すことだ。

ヒトの79番目の器官、つまりスマートフォンだ。

画面に1回タッチするだけで、多くのことが解決できる。

ただし、スマートフォンに捕まり、いつまでもだらだらと画面を見続けてはいけない。

必要な情報を見つけたら、あなた自身の内的なネットワーク《インナーネット》に戻ることを忘れずに。

ここでは、私が見つけた役立つサイト（公式ホームページ）を紹介する。

よかったら活用してほしい。

★情報収集のためのサイト

グーグル(Google)　www.google.com

言わずと知れた世界最大の検索サイト。真っ白な背景と「Google」ロゴの下に検索バーが表示される。月間検索数は1000億件を超える。人類の叡智を集約したデータベースの入り口だ。世界中の人々がこのページにアクセスして、人生でいちばん知りたい検索ワードを入力すれば、「グーグル神」(Google God)が答えを教えてくれるはずだ。

ロンリープラネット(Lonely Planet)　※英語版のみ　www.lonelyplanet.com

旅に出る前、行き先について知っておくべき情報をしっかりチェックしておこう。

筆者のウェブサイト　※英語版のみ　www.kallayil.com

ぜひ、立ち寄ってみてほしい。私のブログやテレビ番組など、最新情報がチェックできる。あなたにこのサイトを紹介できる喜びに感謝する。

ユーチューブ(YouTube) www.youtube.com

音楽やＤＩＹ、ニュース、エンターテインメントのほか、一風変わった趣味の映像などが豊富にある。英語、日本語など主要言語に対応している。

ザ・フォーアワー・ワークウィーク(The 4-Hour Workweek) ※英語版のみ www.fourhourworkweek.com

自分にとって本当に重要なことに集中できるように、生活を合理化するためのヒントが学べる。

ゲットフライデー(GetFriday) ※英語版のみ www.getfriday.com

バーチャル秘書のアウトソーシングのためのサイト。24時間対応してくれる。

タスクラビット(TaskRabbit) ※米国のみ www.taskrabbit.com

あらかじめ承認を受けた最寄りの契約業者を探し、作業の代行を依頼できるシステム。必要なことはほぼ何でも依頼できる。

ちなみに私は、「バーニングマン」用のバイクのデコレーションを手伝ってもらった。

★内部のネットワークに接続するためのサイト

インサイト・メディテーション・ソサイエティー(Insight Meditation Society) ※英語版のみ

www.dharma.org

洞察《ヴィパッサナー》と慈愛《メッタ》を学び、瞑想のトレーニングを究める10日間のリトリート・コース。毎日14時間瞑想し、私語は厳禁。読書、書き物、音楽はもちろん、アイコンタクトも禁止だ。自分の内面だけに向き合って過ごす。リトリートから戻ると、しばらくは身も心も研ぎ澄まされた状態になる。

インターナショナル・シバナンダ・ヨガ・ベダンタ・センター(International Sivananda Yoga Vedanta Centres) ※英語版のみ

www.sivananda.org

インドの伝統的なアシュラム施設で古典的なヨガの4つの道を探求できる。

★私のお気に入りのアシュラムのサイト

シバナンダ・ヨガ・ファーム（カリフォルニア州、グラスバレー）

www.sivanandayogafarm.org

シバナンダ・アシュラム・ヨガ・リトリート（バハマ）

www.sivanandabahamas.org

シバナンダ・ヨガ・ベンダタ・デヤンワンタリ（インド、ニーヤー・ダム）

www.sivananda.org.in/neyyardam

ニューカマルドリ修道院（New Camaldoli Hermitage）

www.contemplation.com

岩だらけの景勝地ビッグサー海岸で、11人のカマルドリ派の修道士たちとともに静かな内面の旅に出ることができる。

サーチ・インサイド・ユアセルフ・リーダーシップ・インスティテュート(Search Inside Yourself Leadership Institute SIYLI《シリィ》)

www.siyli.org

画期的なマインドフルネスのリーダーシップ育成プログラムを紹介している。

詳しくはSIYLIまでお問い合わせください。

ウィズダム2・0(Wisdom 2.0) ※英語版のみ

www.wisdom2summit.com

「デジタル化時代に知恵や思いやり、意識を高める生き方」をテーマに毎年開催されるカンファレンスの情報を紹介している。最寄りの開催都市と最新のイベント情報をチェックし、活用するとよいだろう。

★「インナーネット」とのつながりを深めるサイト

アマヌディン基金(Amanuddin Foundation) ※英語版のみ

www.amanuddinfoundation.org

長期化する内戦で抑圧され、外傷後ストレス症候群に悩むアフガニスタンの人々を支援している。創設者はアマンディーヌ・ロシュ。ダライ・ラマの唱える「外的な平和は内的な平和なしには訪れない」という信念に基づいて運営されている。

ヘファー・インターナショナル(Heifer International) ※英語版のみ

www.heifer.org

発展途上国の貧しい人々の経済的自立を目指すプログラム。寄付に協力することで、現地の家族にヤギやブタ、ニワトリなどの家畜を贈ることができる。生まれた子ヤギは別の家族に譲渡するという形で社会に善意を拡げられるシステムになっている。

キーヴァ(Kiva Microfunds) ※英語版のみ

www.kiva.org

サンフランシスコを拠点とする非営利組織。「Kiva」とはスワヒリ語で絆や合意といった意味を持つ。起業を目指す第三世界の女性たちにマイクロクレジット（小口融資・25ドルから気軽に始められる）を提供することができる。

★心の境界線とネットワークを拡げるサイト

アウトワード・バウンド(Outward Bound)

www.outwardbound.org

アウトワード・バウンドが提供する大自然の中のリトリート・プログラム。１９４１年にイギリスで開設され、現在は世界30か国以上にネットワークを持つ（日本にも協会がある。www.obs-japan.org/）。心と身体、感情、精神を鍛えるのにオススメだ。

トーストマスターズ・インターナショナル(Toastmasters International)

www.toastmasters.org

世界的なリーダーになるのに必要であり、聴衆の前で最大限に効果的に振る舞えるような、コミュニケーションとリーダーシップスキルを磨くメソッドを教える機関。１９２４年、カリフォルニアのサンタアナにあるＹＭＣＡでスタート、今では１３５か国で33万人以上が実践している（日本にも協会がある。www.district76.org/ja/）。

トニー・ロビンズ(Tony Robbins)氏のサイト ※英語のみ

www.tonyrobbins.com

全世界で１０００万部の大ヒットとなった『Unlimited Power』（日本翻訳版は『一瞬で自分を変える法─世界Ｎｏ・１カリスマコーチが教える法』三笠書房）の著者のサイト。日本では、アンソニー・ロビンズ名で知られている自己啓発作家、コーチが、最高のパフォーマンスを発揮し、最大の可能性を引き出すためのヒントを提供している。

★クリエイティブな遊びをするサイト

バーニングマン(Burning man)　www.burningman.org

アメリカのネバダ州の砂漠の真ん中で１週間にわたって開催されるフェスティバル。非日常的な自己表現と自立を体験するためにサインアップしてみよう。

（日本でも２０１２年より開催されている。http://burning-japan.com/）

★インターネットを超えた知性と叡智を探るサイト

ダライ・ラマ世法王猊下(His Holiness the 14th Dalai Lama of Tibet)

www. dalailamajapanese.com

慈悲の心や相互依存の精神について、ノーベル平和賞受賞者のダライ・ラマ14世から無限の知恵を授かることができる。本や講演、海外訪問など、多岐にわたる活動情報も紹介されている。

マーター・アムリターナンダマイー(Mata Amritanandamayi, Amma)氏のサイト ※英語版のみ

www.amma.org

「ハグの聖人」こと、アンマの愛と奉仕というシンプルなメッセージに触れることができる。アンマが両手を広げてあなたを歓迎してくれる。

ラマ・シャクティ・ミッション(Rama Sakti Mission) ※英語版のみ

www.ramasaktimission.org

ラマ・デビ氏の教えを知ることができる。家にいながら内的な旅を始めるのにオススメだ。私は、瞑想とスピリチュアルの道を彼女から学んだ。

謝辞

私が人生を前向きに生きることができたのも、神の思し召しと言えるような素晴らしい出会いの数々があったおかげだ。まったく見知らぬ人々も含め、多くの方々が私を思いやり、手を差し伸べてくれた。この場を借りて、多くの方々の尽力に敬意を表し、お礼を申しあげたい。

何よりもまず、私の両親、家族に感謝する。

彼らの暮らしぶりはとても質素で、私たちきょうだいを愛情で支え、励ましてくれた。私たちが学問や職業の機会を求めて様々な壁を乗り越えていく姿を、後ろからそっと見守ってくれた。わからないことばかりで、子どもたちの行く道が不安になったことだろう。それでも、子どもたちがやっていることだから、それは正しい選択だと考え、不安があったとしても、いつかうまくいくと信じて、私たちのやりたいようにさせてくれた。アンマ、アカン（マラヤーラム語で「お母さん」「お父さん」の意）2人ともありがとう。私のきょうだい、サティ、カラ、ラビ、そして彼らの家族モノハランにスデヤカラン、マンジュ、シャイニ、デヴィ、ジョジョ、デビヤニ、そしてカヤニにもありがとうと言いたい。

私のスピリチュアルの師たちにも深く感謝している。

神聖なるラマ、タラ・デビは、私の心に灯りを照らし、瞑想を教えることで人生の道標を残してくれた。マザーこと、マーター・アムリターナンダマイー。彼女は自分の生き方を通じて、愛と奉仕こそが、内的なネットワーク《インナーネット》につながるための最善の方法だと教えてくれた。

インドのアシュラムで出会い、私に最初にヨガを教えてくれたスワミ・ヴィシュヌデバナンダとスワミ・シャンカラナンダ（ロバート・モーゼス）に感謝する。ヨガが今のようにトレンディなものではなかった時代に、ヨガ講師になろうとやって来た10代の私を導いてくれた。特に、私の大好きな「Hin-Jew《＊ヒンジュー》」

＊ ヒンドゥー教徒とユダヤ系移民のカップル、またはその子ども。「HinJew」とも表記される。

ことロバート。私の心の境界線を拡げてくれてありがとう。

出版社ヘイ・ハウスのパティ・ギフトとナンシー・レビンにも、感謝を伝えたい。「本を書く気になったら、いつでもお手伝いしますよ！」と言って、私をびっくりさせてくれたことがきっかけで、本書を執筆することになった。私を信じてくれてありがとう。

私がいよいよ執筆のオファーを受けることになったとき、1年以内に出版契約がとれるだろうと預言したリー・アン・ロギンズ。見事に的中しただけでなく、ウェイン・ダイアー（米国の心理学博士、スピリチュアリスト）をロールモデルにするといいと私にアドバイスしてくれた。結果的に私にアプローチしてきたのが、なんと、ウェインの書籍の出版元であるヘイ・ハウスだったのだから、まさに運命だ。

私のエージェントであり、本書の生みの母であるステファニー・テード。執筆が滞っていた私を1時間ほどドライブに連れ出し、車の中でお説教もしてくれた。今、ここにこの本があるのは、彼女が長年培った経験をもとに思いも寄らない解決策を考え出してくれたおかげだ。私を信頼してくれたことに感謝する。

ケリー・マローンには神殿を建てたいくらい感謝している。彼女は、秘書のアザに頼み込み、私が日曜日に部屋から1歩も出られないようにした。書き方についてもアドバイスしてくれた。彼女がいなかったら、この本がこうして日の目を見ることはなかっただろう。

ヘイ・ハウスの面々、疲れを知らぬ編集者であり、無限の忍耐強さを持つ女性アン・バーセル。CEOのリード・トレーシー。実績もない無名の私に本を書かせてくれてありがとう。文字起こしをしてくれたリア・フォーリー。インド人特有の訛りを聞き取り、意味を汲み取るだけでなく、私のつらい心情だとかユーモアも理解してくれ、大変ありがたかった。

私の女神でスーパーモデルであり、たくましく、世界を舞台に活躍するミステリアスな女性、アマンディーヌ・ロシュ。彼女の仕事ぶりや生き方は、私にインスピレーションを与え、私の人生を変え、私をこの本の執筆に向かわせた。彼女の尽力なくして、本書はできなかっただろう。私のプリンセスで名付け娘のマライカ。彼女ほど、私の心を虜にするものはいない。

秘書のアザ・ブルサード、ニーシャ・ラマン、グレース・クゥ、シルビア・カブレラ。親切で寛大な心を持った彼女たちが、片づけの達人であることに感謝する。

スクマー・ラマナサン。彼は、私の人生で最も付き合いの長い友人の1人だ。私自身の世界観に大きな影響を及ぼしてくれた。私をピコに紹介してくれたのもスクマーだった。

もう1人の卓越した知性を持つ友人、ピコ・アイヤー。本書の序文を書いてくれたことに心から感謝する。

私のプロデューサーでホームページの制作者でもあるアナンタ・ゴビンダ。

サドゥグル・ジャギ・バスデブ。グーグルのランチミーティングに来て、私たちがこの世界で体験するすべてのことが私たちの身体、脳、心によってどのように処理されるべきかを講義してくれた。彼の言葉は、私の思考を根本的に変化させてくれた。

ジェニファー・バールは、私をＴＥＤｘバークレーのスピーカーに招いてくれ、私のスピーチに「インターネットからインナーネットへ（The Internet to the Inner-net)」というタイトルを付け、会場の皆さんに紹介してくれた。このスピーチをきっかけに多くのトークやエッセイ、そして本書を書くことになった。

チャディー・メン・タン。グーグルの「ジョリィ・グッド・フェロー」である彼がグーグルに果たしてきた貢献に、私は心から感謝する。私も彼の精神に習って、グーグル社内にヨガや瞑想のトレーニングを取り入れた。

ジョナサン・ローゼンバーグ。グーグルで私に様々な助言を授けてくれるメンターであり、何度も大きなチャンスをつかむきっかけを与えてくれた。彼の良き助言がなければ、私のグーグルでのキャリアがここまで花開くことはなかっただろう。

ヴィック・ガンドトラ。「Google+」部門の責任者を務めた彼は、私のもう1人のメンターでありヒーローだ。私のキャリアや専門性の成長に奇跡を与えてくれた。彼はインスピレーションの塊で、本当にすごい人だ。

スピーチの講師であるヘンリ・ミラー。彼の指導のおかげで私はスピーチ力を磨き、パブリック・スピーキングの世界大会で準決勝に進むことができた。

ウォートン・スクールで教鞭をとるリチャード・シェルは、私が敬愛する教授であり、私が書いてみたい別のインスピレーションを与えてくれた。

ほかにも、インドのカリカットにある私の母校ケンドリヤ・ビジャラヤの、クリシュナン・ナイル先生、アプクティ先生、スクマラン先生。キルタンの先生のメジャ・ダス。マライカの両親ミーナ・ドゥスーザとスリラム・ラマチャンドラン。私の絶大なるサポーターであり、天使であり、友人であるモーリーン・ブラッドフォード。私のコーチであり、メンターのスチュアート・ニュートン。グーグルのメンターでありインスピレーションの源であるジム・レシンスキー。著者仲間であり同志であるネハ・サングワン、マイク・ロビンズ。インド外務省の輝ける星で、私の冒険仲間であるマンプリート・ボーラ。「ウィズダム2・0」の創設者ソレン・ゴールドハマー。

さらに、様々なシーンで支え、知恵を授けてくれ、力を貸してくれた人々に感謝している。

ラニア・スッカー、スージー・ライダー、マーゴ・ジョージアディス、アラン・イーグル。アルマ・サンドバル、ルイス・サンドバル、クルビ・メゾブ、テリー・ビギオ。スーザン・ウォシッキー、デビッド・ポトラック、マイク・ネルソン。クリス・リップ。ジョン・ラトクリフ、ドーン・エングルとイワン・サバンジエフ、ローレン・グローブス、リア・トバコワラ、ジェレミア・ハームセン、ドン・アイゼンバーグ。アルカ・カプール。カーリ・ウィドマイヤー。サラ・ベイツ。

そして、私の人生に様々なやり方で関わってくれた大勢の友に感謝する。

インド国立工科大学（ＮＩＴ）のヤープ、マリム、クマール、マグ、サンディィ、ララ。そしてインド経営大学（ＩＩＭ）のシャクス、パディィ、ディィベン、ハッシュ、ジョン、ナレン、シャム、マヤ。ウォートン・スクールの教授マイク・ウシーム教授、アンジャニ・ジェイン教授、それにデビッド・ヒントン、ベン・タークのほかの同期生たち。

最後にもう一度、本書を手にしてくれた皆さんにありがとうと言いたい。あなた方に神の恵みがありますように。

本書は、あなたたちの愛と思いやりの証であり、まとめて言えば、まったく新しいアイデアや製品の数々は、私たちの呼吸を通じて生み出されていることの証でもある。

ゴーピ・カライル

ナマステ。

著者紹介

ゴーピ・カライル Gopi Kallayil

グーグルのブランドマーケティング部門に所属するチーフ・エバンジェリスト。インド国立工科大学（NIT）で学士号を取得。インド経営大学院（IIM）と米ペンシルベニア大学ウォートン・スクールで経営学修士課程修了（MBA）。

グーグル社のセールスチームおよび顧客と連携し、デジタルマーケティングによるブランド認知度の向上を支援している。かつては「Google+」のチーフ・エバンジェリストを務めたほか、同社の主力広告製品「アドワーズ（AdWords）」の南北アメリカ・アジア太平洋地域担当マーケティング・チーム、およびコンテンツ向け「アドセンス（AdSense）」のマーケティング・チームを率いていた。

グーグルに入社する以前は、シリコンバレーの新興企業２社の経営チームに所属。マッキンゼー・アンド・カンパニーではコンサルタントとして、大企業の経営陣と協力し、業績の改善と収益の最大化に取り組む。また、インド、中国、米国で事業展開するグローバル企業に所属し、情報テクノロジー関連の大型プロジェクトを指揮した経歴も持つ。

熱心なヨガの実践者であり、トライアスリートであるとともに、パブリック・スピーカー、世界中を旅する旅行者、そして「バーニングマン」の愛好家。「TEDx」や「ルネッサンス・ウィークエンド」「ワールド・ピース・フェスティバル」「ウィズダム 2.0」などで講演を行っているほか、米国のケーブルテレビ局とユーチューブ向けに「チェンジ・メーカー」という番組の司会も務めている。

訳者紹介

白川部君江（しらかわべ・きみえ）

津田塾大学国際関係学科卒。コンピュータメーカー勤務後、フリーの産業翻訳者に。現在は、IT 系情報サイト「CNET Japan」でニュース記事の翻訳を担当。

翻訳協力：㈱トランネット www.trannet.co.jp

リセット
Google流《りゅう》 最高《さいこう》の自分《じぶん》を引《ひ》き出《だ》す５つの方法《ほうほう》　〈検印省略〉

2016年　8　月　2　日　第　1　刷発行

著　者――ゴーピ・カライル
訳　者――白川部　君江（しらかわべ・きみえ）
発行者――佐藤　和夫

発行所――株式会社あさ出版
〒171-0022　東京都豊島区南池袋 2-9-9 第一池袋ホワイトビル 6F
電　話　03 (3983) 3225 (販売)
　　　　03 (3983) 3227 (編集)
F A X　03 (3983) 3226
U R L　http://www.asa21.com/
E-mail　info@asa21.com
振　替　00160-1-720619

印刷・製本（株）シナノ

facebook　http://www.facebook.com/asapublishing
twitter　http://twitter.com/asapublishing

ISBN978-4-86063-874-0 C2034